社会主义核心价值体系建设
"双百"出版工程

项 目

100位

新中国成立以来感动中国人物

张 华

刘杰诚/著

吉林文史出版社

《100位新中国成立以来感动中国人物》丛书

编 委 会

主　任　　何建明　蒋建农　高　磊

副主任　　孙云晓　徐　潜　张　克　王尔立

编　委　　王久辛　杨大群　黄晓萍　申　剑

　　　　　褚当阳　刘玉民　王小平　相南翔

　　　　　夏冬波　刘忠义　高　飞　陈　方

　　　　　阿勒得尔图　陈富贵

前　言

　　每个人的心中都多少有一点英雄情结，都向往英雄、景仰英雄。也正因此，在中华人民共和国建国六十周年之际，由中央十一部委联合组织开展的"100位为新中国成立作出突出贡献的英雄模范人物和100位新中国成立以来感动中国人物"的评选活动中，群众参与投票总数近一亿。这其中的每一张选票，都表达了人们对英雄模范的崇敬之情，寄托着对伟大祖国的美好祝福。

　　一个民族不能没有英雄，否则这个民族就不会强大。当国家危难之时，懦弱者选择了逃避、妥协甚至投降，英雄们却挺身而出，用热血捍卫民族的尊严，人民的幸福。在创立和建设新中国的伟大历程中，涌现出无数可歌可泣的英雄模范人物。他们之中，有为了民族独立和人民解放而英勇牺牲的革命先烈，有为了党和人民的事业而不懈奋斗的优秀共产党员，有在全民族抗战中顽强奋战、为国捐躯的爱国将士，有英勇杀敌的战斗英雄和革命群众，有积极从事进步活动的著名民主爱国人士和国际友人……他们是民族的脊梁、祖国的骄傲，是激励全体人民团结奋斗的精神力量。

　　《100位新中国成立以来感动中国人物》丛书，就像一部星光璀璨的英雄谱，真实、完整地记录了英雄模范人物不平凡的一生，再现了他们非凡的人格魅力和精神世界。舍身堵枪眼的黄继光，拼命也要拿下大油田的王进喜，中国原子弹之父邓稼先，新时期领导干部的楷模孔繁森……一串串闪光的名字，一个个动人的故事，犹如群星闪烁，光耀中华。

　　当今中国正处于伟大变革的时代，迫切需要涌现出一大批勇于承担历史使命、为祖国和人民奉献一切的先进人物。在"双百"人物崇高精神的引领下，在建设社会主义现代化国家的征程中，必将英雄辈出。

生平简介

张华（1958–1982），男，汉族，黑龙江省虎林市人，中共党员。1977年入伍，生前系第四军医大学二大队学员。

张华品学兼优、助人为乐，多次被评为"三好学生"、劳动模范、优秀共青团干部、先进战士。面对改革开放初期社会思潮复杂的形势，张华不断加强政治学习，用党的理论武装头脑，自觉抵制各种错误思想。他通过写信、寒暑假登门谈心，帮助多名中学同学战胜挫折，校正人生航向。1982年7月11日，西安市霸桥区新筑乡69岁的魏志德老人在一所公共厕所疏通粪便时，被沼气熏倒，落入粪池。正在附近的张华听到呼救声，毫不犹豫地下到3米深的粪池内，奋力抢救魏大爷，不幸被浓烈的沼气熏倒在粪池中，因严重中毒窒息，抢救无效，光荣牺牲，年仅24岁。张华的英雄行为和高尚品格，在全社会产生强烈反响，引发了一场"人生价值如何衡量"的全国范围大讨论，对当代青年树立正确的人生观价值观产生了重大影响。张华生前所在的学员大队，坚持以张华精神建队育人，被中央军委授予"模范学员大队"荣誉称号。1982年张华被中央军委追授"富于理想、勇于献身的优秀大学生"荣誉称号，第四军医大学给他追记一等功，追认他为革命烈士。

1958-1982
[ZHANGHUA]

◀ 张 华

目录 **MULU**

英勇献身（代序）

1982年7月11日上午9点多，西安市康复路南口传来一阵焦灼而急促的喊声：

"救人啊！掏粪的老汉掉进粪池了！""快救人啊！"

这时一位年轻的解放军战士听到呼救声，像是听到了出征的命令，立刻把手中装有照相机等物的挎包扔在了台面上，飞快地脱掉了军上衣、军帽，连声嘱托也没说，转过身去，像离弦的箭，越过十几米宽的马路，跑到粪池边。这是一个半间房子大小的密闭式地下化粪池，两尺见方的出粪口露出地面，在气温已经达三十六七度的伏天，一股臭气，熏得人难以上前，无数蝇蛆在粪尿中蠕动，令人作呕。年轻的解放军战士一把拽住正要下去的裁缝李师傅，大声说：

"您年纪大，不要下，让我下！"

说着，他推开李师傅，跨上粪池口，沿着竹梯子，迎着令人窒息的臭气快速而坚定地下进三米多深的粪池里。

池边的人们尽管同这位勇敢的小伙子素不相识，但是，行动是最好的介绍。小伙子那不怕脏、不避臭、迎险而上、奋不顾身的行动，立刻赢得了一连串赞美、钦佩、尊敬的目光。人们知道，在这闷热如蒸笼的大伏天，在这口小室大的化粪池里，不仅又脏又臭、又黑又闷，而且随时有窒息死亡的危险。可是在这生死的关头，这位年轻的解放军同志毫不犹豫，把生的希望让给别人，把死的危险留给自己，这怎能不令人感动，令人尊敬呢！人们都探过头来关切地注视着粪池，注视着这位年轻的解放军同志，注视着粪池里生命垂危的老人。只见那位战士左手紧紧地握住梯档，倾过身去，伸出右臂，奋力从一米之外的粪水中，拽过昏迷的老汉，然后又俯下身去，把浑身沾满粪便的老人抱在怀里，疾声大喊：

"人还活着，快放绳子！"

池边的人们急忙找绳子，扶梯子，准备把人吊上来。

没料到就在这紧要关头，粪池里浓烈呛人的沼气，也把小伙子熏昏了。只听"扑通"一声，年轻的解放军战士和老人一同跌进粪水中去了。

池口的群众惊呼："快！解放军也掉下去了！"

好几个小伙子伸手挽臂要下去抢救。这时，25岁的共青团员、西安市新城区奶牛厂工人王宝安恍然大悟，判断池内有沼气，他"霍"地一下子站起来，大声喊道：

"快！先给池里泼几桶水，赶赶沼气，再找几条毛巾来！"

王宝安说罢，一个箭步冲到马路旁，解下拉粪大车上的绳子，一边往自己腰里系着，一边奔回粪池，口上捂着毛巾，勇敢地下到池内。

伏天的粪池室内，臭气冲天，呛得人喘不过气来。王宝安憋了一阵，受不住了，爬上来换了口气，卖甑糕的个体户青年刘玉庆，忙给他口鼻上又绑了一条湿毛巾。王宝安系好绳子二次下池，奋力抢救。在刘玉庆、王少军、李正学、王伯义等许多群众的协助下，将年轻的解放军同志搭救上来。人们用清水冲洗去他满身满脸的蝇蛆和粪污，但他已经不省人事了。

人们用最快的速度将舍己救人的解放军战士抬上救护车，送进医院急救室抢救。值班医生赶来了，专家教授赶来了，第四军医大学和附属医院的领导也赶来了。但是，人工呼吸，无效！注射强心针，也无效！清除呼吸道异物给氧，无效！最后，开胸直接按摩心脏仍然无效……

这灼人的消息，叩击不知多少人的心弦。

当时，陕西省正在宣传舍己救人的大学生邵小利的英雄事迹。街上有人说："这不又是一个邵小利吗？"有人说："不！他是解放军，像雷锋！"更多的人过来问："这位英雄叫什么名字？"

人们从这位解放军同志的遗物中发现了他的姓名。他，就是中国人民解放军第四军医大学学员张华同志。

"张华同志！"

许多人呼喊着这个英雄的名字，跑进医院，跑进病房，来看这位舍己救人的大学生。

然而，张华终因中毒溺水、窒息时间过长而光荣献身，年仅24岁。掉进粪池的老汉魏大伯也因窒息时间过长，没有抢救过来。

张华的英雄事迹，如春风化雨，很快地传遍了古城西安。许多共产党员、共青团员、少先队员，许多干部、工人、农民、解放军战士、工商业者，许多大学、中学的学生们，不约而同地怀着崇敬的心情，来到烈士牺牲的地方，哀悼，怀念这位舍己救人的英雄。

噩耗，极其迅速地传到了四医大同学们当中。许多人不相信这是真的。他们怎能忘记张华那助人为乐、排险破难的身姿，许多人又相信这是真的，因为他们深深了解张华关心他人比关心自己为重的高尚品格。霎时，悲恸的波涛在人们胸中奔涌，一队又一队的同学噙着泪水，从十八里外的驻地赶来和战友告别。这些未来的军医从生理上十分了解生与死的概念，然而此刻，他们在永远离去的战友的遗容面前，却更加懂得了生命的价值和意义！

中国人民解放军第四军医大学党委作出决定，给张华同志记一等功，批准他为革命烈士、优秀共产党员。解放军总后党委作出向张华同志学习的决定，教育部、卫生部、共青团中央、全国学联、中共西安市委等党政领导机关和群众团体，先后发出向张华同志学习的通知和号召，中央军委发布命令，授予张华"富于理想、勇于献身的优秀大学生"的荣誉称号。

中华人民共和国全国人民代表大会常务委员会委员长叶剑英同志，为褒扬张华英烈事迹的一本书题写书名：《新一代的理想之歌》。人们以不同的方式，纷纷向张华学习，学习他的精神、事迹。张华的战友们说，张华是为理想而献身的青年，应该称"理想青年"。我们认为，这不仅体现了张华富于理想、勇于献身的人生特点，同时也体现了社会对张华高尚精神的评价，故以此为书名。

让我们沿着张华烈士的足迹，寻找张华前进的动力，寻找人生的真谛！

锻炼中成长

"探索者"

★★★★★

　　张华，乳名小华，1958 年 10 月 10
日出生于黑龙江省虎林县一个革命军人
家庭，父亲张文良，母亲潘英花，都是
有多年党龄的共产党员。他们非常喜欢
这个大眼睛、浓眉毛、红红的脸蛋、一
笑两个酒窝的胖小子，从小对他精心抚育。
同时，他们懂得，温室里育不出参天松，
庭院里养不出千里马。1960 年当国家经
济困难的时候，他们便把不到两岁的张
华，送到农村的姨妈家。

　　姨妈家有个女孩比小华只大几个月。
张华跟着这个姐姐，拣大豆，拾柴火，
吃的"瓜菜代"，穿的补丁衣，经历了困
难的考验，尝到了生活的艰苦。张文良把

儿子接到身边时，见小华虽然有点黑了、瘦了，可是黑里透红，比过去结实多了，高兴地拍着儿子的头说："好小子！硬棒多了！"张华后来回忆说，小时候的农村生活，使他长了不少见识，学到了许多书本上学不到的东西。

1964 年，张华随父母工作调动到饶河县。虎林和饶河都在乌苏里江边，半江之隔，对面就是苏联。这是祖国的边陲，也是一块英雄辈出的地方。从 1932 年起，中国共产党领导的抗日游击队便在这一带活动。著名抗日英雄杨靖宇、赵一曼就战斗在这白山黑水之间。张华懂事的时候，雷锋的英雄事迹又在这一带传诵。他 7 岁上学，朱老师带领他们学先烈，学雷锋，在张华幼小的心灵，打上了深深的烙印。他被小朋友们选为儿童团长，经常带领儿童团员们在江边站岗、放哨、巡逻。

张华 11 岁那年初春的一天，他和几个儿童团员，到江边去巡逻。看见一个小朋友，正在连着江岸的冰层上滑冰。突然，冰块断裂，一块不大的冰块载着小朋友，随着江水的流动，向江中漂去。

那位小朋友站在不到一块凉席大的冰片上，顺流而下，急得直哭叫。他想上岸，冰块离岸越来越远，他想下水，水冷浪涌，游冰乱碰，不敢下去。这时候，一块几丈长的大冰块，摇摇晃晃，从上游冲下来了。由于那块冰的面积大，体积厚，乘着激流，横冲直撞，有的冰块被撞碎，有的冰块被打翻，眼看又要冲到小朋友站立的小冰块上了。那小冰块受撞击，必然会被掀翻撞碎，小朋友会被压在冰块下，后果不堪设想。旁边的小朋友嘶声乱叫：

"救人呀！"

张华看到这个情景，二话没说，忙向游冰跑去。

一个小伙伴拉住张华，说："不行！太危险！"

张华回过头来，眼里喷着灼人的光芒，大声说：

"救人要紧，快放开我！"

那位小伙伴关切地说："可这满江游冰，又冷又扎，太危险……"

"你——你忘了咱们在烈士碑前的誓言了吗？"张华说着，甩脱了小伙伴的手，飞快地跑下小坡，跳进刺骨的江水中，向小冰上的小朋友游去。

旁边的小朋友都焦急地喊："小心！张华！危险！"

张华游了一会儿，爬上小冰块，走到那位正在哭叫的小朋友身边，扶住了他，说："不要怕！跟我来！"那位小朋友受到了张华的鼓舞和帮助，停住了啼哭，跟着张华，准备向回游。但是，这时候，那块数丈长的大冰块，已经摇头摆尾地冲到他们的脚下了。

张华眼明身快，拉着小朋友，使劲一跳，跃上了冲来的大冰块上。就在这时，只听"咔嚓"一声，他们两人刚才站立的小冰块，已经被这个大冰块碰碎撞翻了。

"妈呀!"小朋友又吓得哭叫起来,不知如何才能逃生。

张华四面看看,说:"不要怕! 脚踩稳,猫下腰,注意平衡,跟我来!"他拉着小朋友,站在大冰块的前面,像个掌舵的舵手,用自己身体的摇摆,指挥着冰块前进的方向,使它绕过激流,绕过险滩,走到浅水处。他拉着小朋友,又跃上另一块冰块,才爬上了江岸。

早春的江边,冷风刺骨。张华的棉衣全被江水湿透了,冷风一吹,立刻冻得像铁甲裹在身上,使他瑟瑟发抖。

几个小伙伴要给张华拾柴生火。

"不行! 那会把我冻成冰糖葫芦的!"张华说着,裹着湿衣裳,飞也似的往家里跑去。

母亲正在做饭,见张华回来,口唇发紫,脸色煞白,又心疼又生气:"你找死呀! 这么冷,还去江里抓鱼!"

张华冻得什么也说不出来,脱了衣服,就钻进热乎乎的被窝里去了。直到那位小朋友的母亲上门致谢,张华的妈妈才知道儿子是为救小朋友而下水的。她抚摸着张华的头,打心眼里称赞他是个好孩子。

➡ 学雷锋

★★★★★

　　1970 年秋天，张华考入了初中一年级上学。在那"文化大革命"的动乱年代，学校中经常搞运动，时而批"师道尊严"，时而批"学而优则仕"，有时"评法批儒"，有时又把努力学习当做"智育第一"来批，严重地扰乱了学校秩序，也给同学们的思想带来了极大的混乱。

　　张华的父亲张文良，1947 年参加革命，1950 年加入中国共产党，参加过解放战争、抗美援朝，回国后在饶河县武装部任政工科长。他对张华的教育不仅很重视，而且有办法，经常教育孩子要尊师，要努力学习，因而张华不仅对老师很尊重，学习努力，而且经常学雷锋做好事。

他从小就爱读《雷锋的故事》，进入中学以后，他学雷锋的劲头更大了，试图按照故事中的雷锋，要求自己，锻炼自己。他在日记中写道：

雷锋为什么生活艰苦朴素，是从一点一滴做起的。当同志们叫他买汽水喝时，他都不肯，却拿出自己节余下来的钱，送给人民公社……我决心在今后的生活中，发扬雷锋的艰苦奋斗作风，少花钱，少讲吃穿，多做对人民有益的事。

张华尽量节约，积攒一点钱，帮助人，做好事。

下乡知识青年王志恒，在植树时掉进冰河里，脑子受伤，引起四肢麻痹。医院里多方治疗无效，下肢完全瘫痪。给王志恒治病的医院，就在张华家隔壁。王志恒住院的病房，后窗户正对着张华的家门。

一天，张华正进门，听见医院的病房里，传出来一阵粗野的哭闹声：

"我不吃！我不活！你……你们看看吧，我活着还有什么意思？你们让我快点死吧！让我快死吧……"

张华爬上病房的后窗，循声望去，只见白净的病床上，躺着一位年轻汉子，双手乱打，连被子、枕头都扔在了地上。一位身着白大褂的女护士，端着药盘，正在拾被打落在地上的药丸、枕头……

张华怀着为女护士打抱不平的动机，走进医院，来到正在哭闹的汉子床前，批评他不该这么无理取闹，更不能这样不尊重护士。

那汉子没有理会张华的批评，趴在床上，"呜呜呜"地哭了起来。

张华见那青年哭得伤心，又上去劝解，见那位青年不理睬，又动手给他整理好床铺，打扫干净病房，接着又打来开水，重新给他递上药。

青年人被张华诚心助人的精神所感动，没有再哭闹，但是还在紧紧地咬着牙关，坚决不服药。张华问了大半天，他才告诉张华，说他真的不想活了，他只求一死，只求早点死！

张华用学到的知识，用理想、事业劝导他。那青年说，他在上学的时候，也有过美好的理想，下乡劳动的时候，也曾想干一番事业，可是现在，脑子受了伤，两腿全瘫痪，还能干成什么事业？不能工作，不能劳动，活在世上，只能像个粮食虫，吃饭、拉屎，尽给别人添麻烦。这样活着，没一点意思，不如早点死了，还能给别人减少点负担。

张华了解了王志恒，感到了他那颗年轻、火热而又一时陷入绝望的心灵，同情他那困苦、不幸、被病痛折磨得无法站立的处境，决心要和王志恒"交个朋友"，"交个亲如兄弟的朋友"。

王志恒惊呆了。世上真有这样的好人? 自己这个"明显的废物"，对于年轻聪明的张华能有什么用处呢? 他百思不解，坚决不答应张华的要求。

第三天，张华不知从哪儿找来一本《钢铁是怎样炼成的》，来到了病房。他坐在王志恒床边，给王志恒讲起了保尔·柯察金的故事。他一会儿讲保尔如何战胜病魔，克服万难干成了事业，一会儿又讲奥斯特洛夫斯基如何在病床上写成了《钢铁是怎样炼成的》这本书。张华那流利的口才，生动的叙述（据说，他是事先看过书，作了充分准备的），以及那动人的故事，激活了王志恒那被损伤、一时失去了活力的心，使他时而激奋，时而欢乐。听着，听着，王志恒笑了。那张近半年没有露过笑容的脸，一下子笑成了一朵花。王志恒感激地流着泪说：

"张华，好弟弟! 你真够朋友啊! "

张华却笑着说："这有什么？雷锋叔叔为人民，献出了宝贵的生命，我们应该学雷锋。"

王志恒拉着张华的手说："你……你就是个活雷锋啊! "

那天晚上，城里放电影。张华领着几个伙伴，把王志恒背进了电影院。王志恒看看电影，又看看张华，似乎不明白自己是在梦境里，是在生活中，还是在银幕上。后来，王志恒在和别人谈到他当时的心情时，总是说："的确，在好几天里，连我自己也几乎不敢相信，在我身边发生的一切，竟然全是真的！"

过了一段时间，王志恒的病情有些好转，想要吃鲜鱼。张华知道了，就跑到街上，专门给他买了两条鲜鱼，送到医院。可是，医院里的大灶不好做，王志恒的病房又没有灶具。

王志恒说："算了吧！"

"别算了！如今有了鱼，我保你能享一顿口福！"张华做了个鬼脸，提着鱼回家去做。爸爸妈妈都不在，他实在不知道这鱼是怎么个做法，便洗净后用水煮，做了一盘"清水煮鱼"，端到医院里。小护士们跑来瞧稀罕，尝了一口，都咧着嘴笑。王志恒却装着吃得津津有味。护士把这件事告诉给潘英花。潘英花差点笑疼了肚子。原来张华把味精当盐放，那"清水煮鱼"，当然"别具风味"了。

看着孩子一天天进步，张文良感到过去的心血没有白费。有一天，他问张华：

"你给烈军属办好事，背王志恒去看电影。你做这些事的时候，心里是怎么想的？"

"我心里想着雷锋叔叔，大家都争着办好事，我们的国家就富强了，就不会受敌人的欺侮了！"

张文良一把拉过孩子，在那幼嫩的脸蛋上亲了一下。是啊，孩子那美好的心灵，孩子这不平凡的言谈，深深地震动着这位老共产党员的心房。在举国上下都向"零蛋英雄"学习的时候，这个身着领章帽徽的共产党员，决心把自己的孩子按照革命的理想培养出来。他不便过于流露感情，只是在张华肩头上拍了两下说：

"爸爸支持你！"

⊙→ 亲兄弟

☆☆☆☆☆

父母的教育，师长的诱导，英雄故事的熏陶，在张华那幼小的心灵上，渐渐树立起了做人的良好道德情操。他开始用这些理想、道德、情操锻炼自己，要求自己。

张华的哥哥张辉，从小多病，五岁得了骨结核，一年后又患上了肝炎。肝炎未治好，又患上了胸结核、肺结核、胸膜炎……长期的疼痛折磨，使他变得急躁、贪玩、缺乏上进心。张华和张辉就住在一间小屋子里。张辉不舒服，或者发急躁，就以大哥的"威严"，向张华瞪眼睛、发脾气。张华同情哥哥的处境，就尽量顺从他、照顾他，可在关系人格的大事上，又寸步不让，帮助哥哥。

为了使孩子们都喜欢学习劳动，母亲潘英花给小哥俩明白地分配任务：张辉烧炕，张华劈柴。张华把柴劈完了，张辉却还没烧炕。问他时，张辉大声说："你不看我正忙着吗？你去烧吧！"张辉忙啥呢？他正在逗小鸟玩。张华就悄悄去把炕烧热了。在这些事情上，他总是让着哥哥。可是有一次，张辉逮了几只菽鸟，在屋子里喂。没有鸟食，便去农民的麦场偷了一小衣袋麦穗，拿回家来，精心地喂菽鸟吃。

张华正在写作业，听见菽鸟欢快地叫着，他真想凑过去一块儿玩。他也喜欢菽鸟，喜欢那清脆婉转的鸣叫，欢蹦乱跳的神气。一有空儿，他也去逗菽鸟玩。可是现在，看了看桌子上的作业，他嘴里念叨着："作业没做完，不能去闹玩。"强制自己又坐下来做作业。

"唧唧唧——"菽鸟的叫声，又打断了张华的思路。那声音，在张华听来，简直是在呼唤他："快来玩——快来玩——"张华忍不住了，决定先看菽鸟一眼——只是一眼。于是，放下作业，走到哥哥身边，见那菽鸟特别欢快，就奇怪地问：

"哥哥，这菽鸟都快不行了，今天怎么这样欢快？"

"我有灵丹妙药！"张辉神气地站起来，双手插在裤兜里，挺着胸脯说。

"让我看看！"

"那可不行！"张辉知道弟弟很认真，特别是关于群众利益的事儿特别认真，便一口回绝了他。

张华没有再问哥哥，眼睛在鸟笼里打量了一遍，发现有麦粒、麦糠，便笑着说："你的灵丹妙药我知道！"

张辉让弟弟猜一猜。

"不用猜！"张华满有把握地说，"我敢肯定，是麦粒！"

"哈，你这脑袋瓜儿倒蛮灵！"张辉老老实实地掏出了自己衣袋里的麦穗，一边喂菽鸟，一边说："小华！这是我刚从场里'捎'来的，新鲜麦子，鸟也爱吃，比灵丹妙药还好呢！"

听说是从农民那里"捎来的"，张华倒吸了一口气。爸爸妈妈常常讲，农民的粮食，是用汗水换来的。如今农民把麦子刚运上场，怎么能"捎来"喂菽鸟呢？他劝张辉说：

"哥哥！用农民叔叔劳动的麦子来喂菽鸟怕不大好！你快给农民送回去吧！"

张辉一听见人教训他，心里就窝火。他立刻瞪大眼睛，摆出哥哥的架势说：

"滚远点儿，我不用你管！"

张华见哥哥发脾气，没有吭声。等张辉玩鸟玩到高兴时，他却又像是背诵课文，又像是劝哥哥似的朗诵道：

锄禾日当午，

汗滴禾下土。

谁知袋里麦，

粒粒皆辛苦。

张辉也读过这首诗，立刻向弟弟指出："背错了！"

"你说哪儿错了？"

"不是袋里麦，而是'盘中餐'！"

张华意味深长地说："唉，麦子刚上场，就被人捎来喂了菽鸟，哪儿还有盘中餐呢？"

哥哥立刻红着脸吼："你少给我指桑骂槐！老实说，要教育我，你还不够格呢！"

张华笑着说："哥哥批评得也有道理，因为我不光比哥哥年纪小、知识少，小时候也曾向地上拨过米饭，浪费过粮食。如果不是爸爸叫我端水浇菜，给我讲旧社会受的苦，如果不是老师给自己教知识，讲尊重别人劳动的道理，说不定，我也会去偷农民场上的粮食去喂菽鸟哩！"

哥哥被张华那诚挚的自我批评感动了，说："小华！你说得有道理，哥听你的。你看，我立刻把农民的麦子送回去！"说罢，一溜风地出了门，向农民的麦场奔去。

张华看着哥哥的变化，打心眼儿里欢喜。可是过了一阵，见哥哥回来，衣兜里还有半袋麦子，便惊奇地问张辉，为什么还要留这些。

"全部送光了，让鸟饿死吗？"哥哥故意逗着鸟儿玩，连弟弟看也不看。

"那不行！"张华明确地说，"错误改得不彻底，以后还会犯！要改，就得改彻底！走，咱们一起把麦子送回场里去！"

这些道理，张辉也懂得，只是怕没有麦子，会把那欢蹦乱跳的菽鸟饿死了，没有好玩的。张华看出了哥哥的心思，就进一步劝哥哥说，他也曾爱玩菽鸟，可是后来一认真读书，发现书里的故事更有趣呢！接着，他讲了两个书中的故事，听得哥哥直跳起来，连声称赞"带劲儿"、"真带劲儿！"要求张华继续给他讲。张华见哥哥的兴趣转到了书上，又学着说书人卖关子的架势，说：

"欲知后事如何？送完麦子再说！"

张辉被故事吸引住了，觉得养荻鸟不如读书听故事有趣，又感到拿农民场里的麦子养鸟不光彩，就对弟弟说："我看荻鸟是坏事的根子！要完全不拿农民的粮食，得从放荻鸟做起！"

张华说鸟儿是哥哥养的，那就要看哥哥的决心了。

张辉受到弟弟的鼓励，打开鸟笼子，放走了荻鸟，把剩下的麦穗送回场里，和弟弟一起读起书来。

有一次，张辉丢了一本有趣的书，怀疑是张华的一位同学偷去了，便去向那位同学要。那位同学不承认，说他"诬赖人"，要他给他"脱贼皮"。两个人针尖对麦芒，几句话没说到一起，便打起架来。

回家后，张辉对弟弟命令似的说："×××是贼，还打人，和强盗一样，今后不许理他！我不理，也不准你理！"

张华知道哥哥在气头上，没有吭声。到了学校里，他和那位同学照样说话、玩耍，互相帮助。那位同学觉得张华通情达理，就主动告诉张华，说他哥哥是个火爆竹，一点就着，一着就跳，就冒火！说他哥哥自己把书丢在同学家，还要给别人穿贼皮！张华听那位同学话里有话，就顺藤摸瓜问他知不知道张辉的书丢在哪位同学家里，那同学火气未消，不愿意说。张华说："我哥哥脾气很执拗，只有拿出事实，才能说服他。"

那位同学见张华态度诚恳，办事公道，让他去问高年级的一位同学。

张辉发现弟弟和"强盗"在一起说话，气得火冒三丈，瞪着眼睛，来找张华算账，说他"和贼娃子说话就是贼，跟强盗在一起就是强盗！"

张华不慌不忙地说："哥哥，你别急！你不也和他是同学，也和他在一起待过吗？"

"那……"张辉没词了，舔了舔嘴唇。

张华平和地分析了他们打架的原因，指出了哥哥简单急躁、随便发火的毛病，并且说据他了解，哥哥的书不是被人偷走的。而是哥哥粗心大意，忘在高年级的一位同学家里了。

张辉在自己的脑袋上砸了三拳，说："唉！我真浑！真浑！自己把书丢在了同学家里，还要埋怨人家、骂人家、打人家，真不像话！"

"不像话的事还有呢！"张华幽默地说，"有人当了哥哥，就不讲理，自己做错了事，还非要弟弟跟着自己做错不行！你说说，这像话吗？"

哥哥知道自己错了，从衣袋里掏出一颗水果糖来，递给弟弟。然后说："好弟弟，别老揭哥的疮疤了。走，陪哥给同学道歉去！"

张华陪着哥哥，找到了丢失的书，也找回了丢失的友谊。

后来，张华在学校当了团支部委员，张辉还未入团。张华便向哥哥宣传团的知识，邀请哥哥去听团课。张辉的觉悟提高了，不久，他也加入了共青团。回忆这些往事，张辉深有感触地说：

"那时弟弟和我都上中学。可人家有理想，有目标，肯锤炼自己，成长就快！"

的确，张华在中学，是一个经常注意自我思想锻炼的中学生。

→ 烈火考验

★★★★★

1975 年 7 月，张华高中毕业了。

他主动说服母亲，到县里的农场参加劳动锻炼。

这个农场，是饶河县农机科新建的一个知青点。四面小山包，中间有一块平整的土地。一条小河，从平地旁边流过。这里土地肥沃，水利方便，附近又有森林，只是农场初建，职工很少，只有两户移来的灾民和上一届的几个知青，一顶破烂的帐篷，条件很艰苦。

张华和车正义、权民武、徐淑花等几位同学，背着铺盖卷儿，怀着一腔豪情，就在这片荒芜的土地上安家落户了。在他们前边，虽有王小梅等上一届的几位毕业生在农场落户，但张华他们到来，几乎还是白手起家。

张华在日记中写道：

雷锋同志说："当一个无名英雄最光荣。"在茫茫的夜空中，流星拖着闪光的尾巴，横贯天际，虽然偶露峥嵘，却是顷刻消逝，除了天文学家，谁会注意它呢？

而水井尽管位置低下，却有着深深的根底。它不露声色，默默地供给人们取之不竭的源泉。

雷锋一不为名，二不为利，把"自己辛苦点，多帮人民做点好事"，当做自己最大的快乐和幸福。

他多像一口井啊，向人民要的少，给人民的贡献大……
要学水井长流水，默默无闻作贡献。

农场里有位姓刘的师傅，因为家乡遭了灾，在张华他们到农场的前一年，携家带口，来到农场当临时工。他家生活比较困难，张华便拿出自己节余的粮票和钱资助他。刘师傅不肯收，张华把钱和粮票硬塞到他的手里，诚恳地说：

"一个锅里搅勺把，咱们是一家。你就拿去用吧！"

他常常来帮刘家干活，帮修房子，有时担水劈柴，有时教小孩认字、唱歌。

入冬后，天气渐渐冷了。他见刘师傅家的五个孩子，衣裳单薄，就去找和自己关系比较好的同学王小梅和孙俊芝等人商量，收集了几件衣裳，送到了刘师傅家。使他家顺利地度过了严冬。

农场生活艰苦，住的是大帐篷，吃的是棒子面窝窝头，蔬菜和副食很少，那滋味是够在城里长大的青年们受的。特别是冬天，冷风从四面八方向里面钻，冻得许多人缩成一团，睡不着觉。

张华是农场的团支部书记，农场没有党支部，没有场长，张华实际上成了农场的"一把手"。生产要他安排，生活要他管理，思想政治工作也是他常去做。在那冷风刺骨的夜晚，他被冻醒了，就悄悄地点起他那盏小油灯，坐在被窝里读书。知识的魅力，理想的追求，往往使他忘记了寒冷，一读就是几个小时。实在乏困了，书本不离手，就入了梦乡。所以他不时诙谐地给青年们介绍他入睡的"经验"，"操劳是乏困的先导，乏困是最好的催眠术！"

张华看见战友小陶那渐渐消瘦的身子，忙跑回去，亲手擀了些白面条，调上葱花儿，盛在饭罐里，送到小陶身边。

小陶真的饿了，吃着张华送来的白面条，禁不住眼睛里涌出了泪花。这天晚上，小陶又去找张华谈心。他想了解张华为什么那么乐意自找苦吃，为什么常有使不完的劲儿，可是找了几个地方，都没有见到张华。当他有点儿失望地回帐篷时，看见保管室的灯光亮着，以为张华正在里边学习，便推门进去。

保管室里静悄悄的。一盏油灯，闪着橘红色的光芒，把小屋子照得通亮。油灯下，桌子上，放着一个硬皮笔记本，一支拔下了笔帽的钢笔，放在打开着的笔记本中间。

小陶见那日记本上有一段墨迹未干的文字：

有远大理想的人，不论眼前的现实生活是多么艰难困苦，也不论在实现理想的道路上遇到多少危险和失败，不论理想的实现是多么曲折，他们总是愉快、积极地进行着艰苦的斗争。

一个没有远大理想和崇高生活目标的人，就像一只没有翅膀的飞鸟，一台没有马达的机器，一只没有钨丝的灯泡……

小陶的眼前一亮，豁然开朗，仿佛看见了一颗晶莹透亮的心，仿佛看见了张华那比自己高大了好多倍的形象，他立刻跑出保管室，跑进机房，擦洗拖拉机，准备用实际行动，追赶自己的战友。

过了几天，张华见小陶精心地钻研技术，又给他买了一本关于拖拉机修理技术的书。小陶高兴地跳起来："哈！好战友！好同学！我正想要飞，你就想到用知识给我插上翅膀！"

张华憨厚地笑着说："这算不了什么！你可别太高兴，要真正插上知识的翅膀，飞上无垠的天空，说不定还有更多的考验在等着我们哩！"

农场的附近有一片原始大森林。一次，发生了一场火灾，一丈多高的火头，喷着黑色的烟云，在荒原上呼啸。这片荒原上，长着一人多高的枯草，见火苗就着。凌空腾起的火苗，借着强劲的西北风，一直向大森林扑去。

张华看到这情势，胳膊一挥，大声吼道："同学们，跟我来！"

△ 中学时的张华（左）是县篮球队的队员

他拿着镰刀，带着伙伴们，飞快地朝大火头前跑去。风刮烈火，火借风力，烧得很快。张华和伙伴们，为了抢救国家财产，迎着火，追着风，跑得更快。他们越过火头，又跑了二里多路，选了一片能够遏制住火势的地方，开始打防火道。他们在草地中间，用镰刀割草，清出一条横道来，以防止火势的蔓延。

狂风吼，烈火烧！他们十几个人要用镰刀很快割出一条十来米宽的防火道来，真是太难了。要和狂风比速度，要和烈火抢时间。十几个青年有的用镰刀割，有的干脆用手拔，每个人都干得汗流浃背，有好几个同学的手都拔出了血！

火越烧越近。张华累得满头大汗，左手不知被什么划破了，殷红的鲜血一滴接一滴地向外流。他顾不得包扎伤口，只是拼命地向前割草。突然一股狂风卷着滚滚浓烟，迎面扑来，呛得他喘不过气来。他直起腰来，擦了擦被浓烟熏红了的双眼，向四外看看。

这时候，大火已经快烧到他们面前了。再像刚才那样一镰刀一镰刀地去割草，一把草一把草地去拔，显然是来不及了。可是该怎么办呢？自己一时又没有主意。周围的伙伴看到这危急的情势，也都纷纷直起腰来，揉了揉眼睛，注视着张华，注视着自己的团支部书记。

张华看见了面前的情势，也感到了自己肩头担子的分量。他明白，作为一个团支部书记，在这些青年人面前，在这危急关头，就是前线指挥员！自己绝不能辜负党团组织的信任，绝不能辜负同学、战友的期望，绝不能使国家财产受到损失！可是，火大风急，怎么办呢？

风越刮越猛，火越烧越近。就在张华眼前，一股烈火卷着浓烟，就要向森林里烧去了！如果不能快打出防火道，制止不住蔓延的火势，一旦烈火烧进林子里，火势将无法阻挡，那将要给国家和人民带来多么巨大的损失呀！面对这火烧山林的危急局面，一个指挥员需要的是机智、勇敢、冷静、果断，还要有审时度势、驾驭事变的能力。但是，张华这个还不足18岁的小青年，还年轻、幼稚，没有那么多的经验，也不可能有那么强的能力呀！但他有一颗红心，满腔热血，浑身勇气。多年来，他读过许多书，了解许多英雄、烈士的事迹。他养成了一种坚毅、果敢、临危不惧的性格，也养成了一种在危难面前联想英雄人物的习惯。他定了定神，看了看眼前扑来的大火，首先想到了邱少云，想到了他那烈火烧身、岿然不动的英雄壮举，接着，他又想起了雷锋、王杰、黄继光，想起了那一个个为祖国为人民不惜牺牲的英雄战士。他低下头来，看了看自己这年轻、健壮的身躯，眼前一亮，突然有了主意。于是，他二话不说，俯身倒地，在枯草丛中滚了起来。

榜样的力量是无穷的。行动是无声的命令。同学们见张华在地上一滚，压倒了一片枯草，立刻明白了他的意图，一个个都学着张华的样子，在枯草丛中滚了起来。十几个年轻小伙子，躺倒在地，使劲朝前滚动，像是十几台小型压路机，顺着张华开创的道路，先后朝荒草、荆棘中滚去。他们的前方，是一人多高的荒草，他们的身后，是被压平了的一条防火道。

当那凶猛呼啸的烈火，扑到新压成的防火道边时，那被压平的枯草得不到充分燃烧，立刻失去了威力，由强到弱，变成了一道道青烟。火被遏止住了。同学们又趁势扑灭，消除火苗。

国家的森林得救了，人民的财产保住了。张华和他的伙伴们，一个个累得精疲力竭，被荆棘划破了身肢，划破了脸面。他们望着那熄灭的火焰，残余的灰烬，一种依靠集体力量战胜困难获得胜利的激动，使张华他们每个人的心里充满了喜悦，感到了一种为人民利益而献身的自豪！

这一年年底，张华被评为农场的"劳动模范"，出席了县的"先代会"。

真正的战士

➡ 新战士

1977 年初春，张华光荣地参加了中国人民解放军，来到了沈阳空军某部。拖拉机手小陶和张华一起参军。共艰苦同劳动的两个年轻人，一起穿上了绿军装，高兴地拉着手直跳："批准了！""当上了！"

小陶深知张华从小就有"长大要当解放军"的夙愿，故意双手一拱，说："小张，这一下，你的夙愿实现了！"

张华高兴地点了点头，可是，很快又摇了摇头，说："是实现了，可仔细一想，又没全实现。"

小陶迷惘地睁大了眼睛。

"难道穿上这军装，就算真正的解

△ 1977年20岁的张华参加了中国人民解放军

放军战士吗？"张华在新的起点上，提出了
新的问题。他深思地说："不，恐怕不这么
简单！这帽徽、这领章，这光荣的中国人民
解放军战士的称号，意味着什么？要求是什
么？我们还得从头学习，努力锻炼哩！"的确，
新的生活，新的考验，又摆在了每个年轻人
的面前。几个月紧张、严格的新兵集训，使
来自四面八方的年轻人，逐渐地适应了兵营
生活，获得了军人素质，学到了部队生活的
许多基本知识。集训结束后，部队分配张华

当保伞员。保伞室的班长孙志文，亲自来迎接新兵，并带着张华，来到了保伞室。

保伞室坐落在机场的一角。机场非常宽阔。张华看见那高高耸立的指挥塔，闪闪烁烁的红绿灯，看见一架又一架银色的战鹰，一会儿呼啸着腾空而起，穿入云层，一会儿又从天空俯冲而下，降落地面。他心情激动，拉着班长的手，急切地问：

"班长，什么时候让我上飞机？"

"这就要看你地面练习的程度了！"孙志文说着，神秘地眨着眼睛，又补充了一句："同志，要炼成真正的战士，当好保伞员，也不容易呀！"

孙志文对这位上进好学的新战士，非常喜欢，但过了一段时间，他发现张华并不那样循规蹈矩，有时候，简直使他有点儿恼火。

张华急公好义，热爱集体，见了有利于国家、集体的事，都主动去干，努力做好，而对于自己的休息，却不太注意。盛夏的日子，张华感冒了，发着高烧。孙志文让他躺在床上休息，自己则带领战士们到站里去学习。张华睡了一觉，出了一身汗，觉得轻松了些，便帮战友们洗衣裳。

孙志文领着战士们出外学习结束了，看见门前的晒绳上，晾着洗得干干净净的衣裳，又见张华挑着一担清水走过来，向早已排好的一长串脸盆里倒洗脸水。战士们纷纷向张华道谢。孙志文走上前来，摸了摸张华的额头，觉得还烫，二话没说，立刻把张华拉过来，让他倒在床上，又给他盖了一床被子，没好气地说："谁叫你干活的？你不要命啦？"

张华抬起头来，解释说："我的病好了。"

"不要说了！"孙志文严肃地说，"战士要一切行动听指挥！从现在起，你给我乖乖躺下！没有我的命令，不许随便活动！"

张华感激地闭上了眼睛，甜蜜蜜地睡着了。他由于感冒发烧，又过于疲劳，这一觉睡了十多个小时。

一阵急雨紧敲窗户，发出"嘭嘭嘭"的响声，把张华从梦中惊醒。他双臂一撑坐起身，只见屋子里没一个人。窗外雷鸣电闪，雨如瓢泼。他抬头一看，见墙上还挂着三件雨衣，忙下床来，抓起挂在墙上的三件雨衣，冲出了门。一股狂风卷着大雨，劈头盖脸地向张华泼来。病体未愈的年轻战士一边穿雨衣，一边向外场值班的地方跑去。

外场上，那两位值班的战士正在冒雨收拣降落伞，一个个淋得像落汤鸡，但都顾不上自己，拼命地跑着拣伞。

张华给他们每人送去一件雨衣，又去帮着他们拣降落伞。在暴雨中，张华完全忘记了自己的病，他精神抖擞，拼着劲儿，冲破雨幕，抱起那沉甸甸的降落伞一趟又一趟地向汽车上送……后来，在三号滑行道上，他拣到一具减速伞，抱在怀中，急向前走。但由于浑身无力，实在走不动了，他于是大喊：

"快来哟，这里还有减速伞！"

减速伞，又叫阻力伞，装在飞机的尾部，降落时打开能起减速的作用。每具减速伞有20多斤重，如今雨水淋湿，足有60多斤，病弱发烧的张华，怎么能抱得起呢？

孙志文领着其他战士也跑来了，见是张华，他把减速伞装上汽车，就问：

"张华，你怎么也冒雨来拣伞？"

"班长，我……"张华说，"我只是送件雨衣！"

"还狡辩！"孙志文毫不客气地说，"你刚才明明扛着减速伞。"

"我没事！"张华又低声争辩说，"这伞不快收起来，淋坏了！"

"可你今早还发烧到38℃多！再淋雨，病加重，怎么办？"孙志文说罢，走上前来，见张华脸上红扑扑的，摸了摸他的额头，觉得还烫手，便急忙把他扶上汽车，让他坐下，又严肃地说："张华呀，你现在是个革命军人！三大纪律的第一条，就是'一切行动听指挥'。你关心同志，爱护国家财产，这是对的。可是，不听指挥，擅自行动，绝对不行！现在，我命令你休息三天，不许乱动！"

张华心里热乎乎的，轻轻地点了点头，表示服从。

 新矛盾

★★★★★

雨过天晴，机场如洗，景色更加迷人。但那场暴雨，把保伞室门前的平地冲了个大土坑。土坑里积着浑浊的泥水，水面上飘着残枝败叶，妨碍保伞室同志的进出，也影响整个机场的美观。孙志文早就想带领战士把坑填平，可是一直抽不出时间。他也曾考虑过带领战士加班填坑，但又觉得天气太热，战士们太疲劳，就又在班务会上宣布：

"最近天气太热，为了保证同志们健康，午休时间，一律睡觉，不许乱动！"

张华的感冒好了。那天冒雨拣伞，出了一身汗，睡了一大觉，吃了两顿饭，再加上弹跳了几阵，浑身上下又来了劲儿。第二天中午，他蹑手蹑脚地爬起来，穿好衣服，走出保伞室。见水坑里的污水影响进出，走到锅炉房，见那里有一大堆炉灰渣，旁边还放着一副筐担和几把铁锹。他和烧锅炉的同志打了个招呼，立刻拿起锹来，铲煤渣，装箩筐，干起活来。用了不到三个小时，就把大坑填平了。

这天中午，孙志文一直没有睡着觉。张华起床的时候，他虽闭着眼，但没有入睡，脑子里琢磨着张华的所作所为。他觉得张华一心为公，热爱集体，是一位很好的青年，但又觉得他过于自信，不顾身体，有时甚至不太听从指挥。他见张华又悄悄地爬起身来干活，思前想后，决定要和张华谈心。

起床的哨音响了。睡好了午觉的战士们，发现污水坑不见了，变成了一片平展展的场地，七嘴八舌地议论：

"啊！谁干得这么利落，漂亮！"

"这是谁干的，该表扬表扬！"

这时候，洗净了汗水的张华，和同志们一起谈笑，却一点儿不肯露出痕迹。直到两位战士根据煤灰渣的线索，去向烧锅炉的同志表示感谢时，才知道是张华干的。次日下午，孙志文把张华叫到机坪上，促膝谈心。他问张华："中午休息，你怎么想到填水坑？"

张华腼腆地笑着说："我看见这坑在门前，同志们走路不方便，汽车过来更麻烦，就利用午休时间，把它填了。"

"怎么不告诉我一声？"

"我见你的事情太多、太忙，另外，天气太热，同志们太累，需要休息……"

"可你就不需要休息吗？"孙志文说着，态度严肃起来，认真地说，"张华，1976年11月30日，你写的入伍申请书上，有一段话，你还记得吗？"

张华不大相信，自己在入伍申请书上写的话，班长还能记得？就故意问："什么话？"

孙志文一字一板地说："我要求到人民解放军这所大学校里去锻炼成长，当一名真正的战士。发扬革命老前辈的革命传统，以实际行动保卫祖国的每一寸土地。"

张华很惊讶！自己半年前写的入伍申请书，班长竟然还记得这么清楚，可见他对自己的思想作了深入的研究。能和班长谈谈心,得到他的帮助、指导,多么好呀! 于是,他把自己半年多来的思想情况作了全面汇报。

孙志文听了,肯定了张华思想的积极面,同时对张华缺少组织纪律观念、不知疲倦的"乱闯"行为提出了批评。他说:

"我知道你是一个好同志。你要当一名真正的战士,也是对的。可是,什么是真正的战士呢?我军是有组织有纪律的部队,战士要一切行动听指挥。你病了,我叫你休息,你却担水、洗衣,还去冒雨拣伞,午休时间,又去担煤渣填水坑。这都是无组织无纪律的行动!"

张华听到这里,忍不住了,红着脸说:"班长,我不能同意这种看法……"

"你先别急!"孙志文打断了张华的话,严肃地说,"听说你一有空闲,就偷偷地去看电视,有没有这事?"

"事情倒有!"张华平静地说,"班长,我希望你能把事情的真相了解清楚。"

"我很清楚!"孙志文十分自信地说,"张华,你是个新战士,我希望你从思想上检查一下,端正目标,更好地工作,早日成为一个共产党员。另外,我要告诉你,沈阳空军司令部发出了开展岗位练兵技术表演的通知,党支部要掀起练兵热潮。你也好好抓抓自己的技术训练!谁强谁弱，比一比看！"

张华望着班长远去的身影，思潮起伏，久久不能平静。

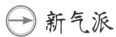 ## 新气派

★★★★★

班长孙志文喜欢张华，满腔热情地帮助张华，想要他快点进步，早日成为共产党员。但是张华却有自己的主见，不能完全按照班长的设想行动，并且对班长的批评，提出了不同观点。这使班长很恼火，他把张华的问题、他对张华的看法，以及他与张华看法的分歧，报告给了连队的党支部书记，并且埋怨说："张华这同志看来不错，可是入伍快半年了，还不写入党申请书，整天地学呀，创呀，一刻也不闲。我真怕他给咱闯出什么乱子来！"

党支部书记是连队指导员兼的。他对事物有敏锐的观察力。孙志文是全连班长中唯一的支部委员。几年来，他们俩彼此了解，相互支持，亲密无间。听完了孙志文的话，他却摇摇头说："志文，你的看法值得斟酌！"

"怎么？"一向自信的老班长，有点儿惊奇。

"首先，你该知道，张华早已申请入党。"支部书记回忆似的提醒说，"在张华的档案里，装着一份入党申请书。那是他在1976年10月10日写的，那一天正是他18岁的生日。当时，他正在饶河农场劳动。现在，你积极培养他入党是对的，可是，你的看法有点片面。"

孙志文有点沉不住气了，争辩地说："难道不该强调一切行动听指挥吗？"

"指挥是应当听从的。但是，我们不能因此而抹杀战士的积极性、主动性和创造性。"支部书记说到这里，沉思了一阵，从挎包里取出了自己的小本本，看了看，说："我们的战士，是自觉的战士，在服从统一指挥的前提下，他们主动地、创造性地工作，牺牲自己休息的时间，自觉地去为同志、为集体、为人民服务，这不但不是缺点、错误，而应该说是优点、长处。你恐怕是看不惯人家的新气派吧？"

"什么新气派？"孙志文不服气地说，"指导员，你恐怕还不了解张华吧！"

"是的，了解不多！"指导员坦率地说，"最近，听了一些同志反映，了解了一点情况，特别是因为一个偶然的机会，看了张华两篇日记，使我对他有所了解。日记中有几段话，对我很有启发。我摘了下来，请你也看看！"

孙志文接过指导员的笔记本，上面是张华在 1976 年 8 月 20 日写的日记：

有伟大理想的人，不论眼前的现实生活是多么艰难困苦，也不论在实现理想的道路上遇到多少危险和失败，不论理想的实现是多么曲折，他总是愉快、积极地进行着艰苦的斗争。

1977 年 6 月 4 日，张华又写道：

为人民的事业而献身，是一个共产党员应有的品德和党性。我是党的人，一切献给党，只要党的事业需要我，我将视死如归。

大家的舒服就是我自己最大的愉快，我宁愿花费更多的休息时间去工作，去为同志们服务……

看着看着，孙志文的眼前模糊了。他似乎看见一颗火热的心，被自己兜头浇了一盆冰冷的水，又像是看见一匹飞奔的骏马，被自己缚住了奔驰的前蹄。他开始感到自己错了，但他又是个非常注重实际的人，听其言，观其行。不见切实的行动，他从不轻易改变自己的看法。

指导员也不强求。他又问了保伞班岗位练兵的情况和技术表演的准备。孙志文长长地叹了一口气，说："唉！由于文化大革命的多年动乱，技术训练都荒废了，现在搞技术表演很难。我们选来选去，只选了两个老兵。"支部书记又强调了一番技术表演的重要性，孙志文走出了连部。

夜幕，像一张无边无际的纱幕，笼罩着大地。机场上，各种指示灯闪着彩光，一架架银色的战机，静静地落在停机坪上。人们大都入睡了，整个机场显得美丽而宁静。孙志文无心欣赏夏夜的美景。张华的日记、支书的谈话，特别是上级关于岗位练兵、技术表演的高标准、严要求，使他感到肩上沉甸甸的，心里惴惴不安。上级要求，保伞员的工作，要又快又好又绝对保险。因为它关系着飞行人员的生命安全。在技术上，每个保伞员的工作要求都必须在12分钟内，把降落伞、救生船、氧气瓶等40多斤重的救生器材，全部打在一个结结实实的伞包里，并在飞机飞行前送到机舱。技术表演有更高更严的要求。他挑两位老兵进行训练，练了好多天，也没有达到要求！这该怎么办呢？

一束黄色的亮光，从保伞室的窗子里射出来，刺破了茫茫的夜幕，打断了孙志文的思绪。夜深了，谁还在工作室呢？孙志文走上前去，倚着门缝，往里细看，只见张华和小吕，正在忙着练习叠伞。夏夜的工作室里，闷如蒸笼；

两个新战士拉直了伞绳，铺展了伞布，又使劲把伞布、伞绳卷紧……他们抢时间，争速度，动作快，用力猛。豆大的汗珠，滚下张华的额头，滴湿了伞布。张华顾不得揩汗，刚卷好的伞，接着又拆开。然后又重新拉平、卷紧、叠起……

小吕见张华的衣裳全湿透了，忙喊着说："张华，歇一歇、歇一歇吧！"

"不行！"张华的脑袋一抡，甩出了一串汗珠子，边干边说，"现在是关键时刻，抢时间，争速度，练功夫，保质量，都在这一会儿！不能松劲，继续加码！"

小吕被张华的精神感动了，脱掉上衣，追赶张华……

忧心忡忡的孙志文，被眼前的情景所吸引，他被深深感动。他想起了指导员说的"新气派"，真想推门进去，把这两位可爱的战士抱起来，跳几跳，但听了张华的话，又收住脚步，稳住身子，趁着门缝里那一缕淡黄的灯光，注视着手表，为那两位主动进击的战士，计算着叠好一副伞的准确时间。

张华和小吕一连进行了几次练习。他们

不断创造的速度和提高的速度，都是十分惊人的！第一次用了11分，第二次是 10 分 30 秒，第三次是 10 分，第四次 9 分 30 秒，这不但超过了参加表演的老兵的速度，而且还超过了上级规定的一级技术能手的时间。看到这里，孙志文破门而入，冲了进去，双手伸出两个大拇指，大声喊：

"哈哈！新气派！真正的新气派！"

第二天，在保伞室全体人员大会上，孙志文宣布了让张华和小吕参加岗位练兵表演的新方案。

张华和小吕果然不负同志们的期望，经过一段时间的苦练，后来，在部队正式举行的岗位练兵表演中，创造了叠一副伞只要 8 分 45 秒的新纪录。这个纪录，比规定的一级技术能手的速度还快 15 秒。

表演场上，响起了热烈的掌声。

孙志文在拼命地鼓掌、欢呼。

张华却羞红了脸，腼腆地低下了头。

→ 新党员

★★★★★

两个新兵的技术表演成绩优异，全连队人人喝彩。孙志文高兴得嘿嘿直笑，在全班大会上，专门表扬了张华和小吕的苦练精神。大家都欢迎张华谈经验。

"说真的，我心里并不好受！"张华说着，脸红到了脖子根，眼睛里闪烁着晶莹的泪花，说："同志们都知道，世界已经进入了自动化、电气化的时代，可我们还在靠手工、靠体力争速度！从总的方面来看，我们是落后的！不错，小吕和我一起死拼苦练，取得了较好的成绩。可是我知道，光凭这打不垮帝国主义！我们要保卫祖国，还得要学习、学习、再学习！"

真正的战士

"算啦,算啦!"孙志文很不高兴地说,"现在,我们的岗位练兵,进入了新的阶段,要高空作业,飞行训练,希望每个同志都能取得好成绩!"

练为战,重实践。上级要求保伞员都要学会跳伞。一个晴朗的上午,张华和他的战友们,登上飞机,要学跳伞。刚进机舱,张华发现,和他一起入伍的同乡同学陶亚林,早已端端正正地坐在机舱里边,神情紧张。

"别紧张!"张华笑着说,看见飞机已经飞上了数千米高度,便勇敢地站出来,要求第一个向下跳。小陶急了,悄悄拉了拉张华的衣襟。

张华又坚定地向前走了一步,甩脱了小陶的手。

这时候,飞机正在高空盘旋,机舱门刚一打开,一股强烈的气流呼啸着,从机舱门外猛冲进来,冲得张华倒退了几步。张华定了定神,睁大眼睛向下俯视:山河、田园、村庄、道路、树木,全都缩小了,显得很遥远。几丝白云,飘动在机身下边,更增加了大地的神秘感。很显然,向前跨两步,从机舱门跳下去,有很大的危险。如果伞张不开,或者发生别的意外,就有可能粉身碎骨,牺牲生命。因此,刚学跳伞的新兵都很紧张。

听老同志讲,学习跳伞,有个惯例:新伞兵走到机舱口的时候,必须由老伞兵在后面助一把力——在新伞兵的屁股上踹一脚,帮助新伞兵离开机舱。

跳伞的指令下达了。震耳的吼声和呼啸的气流，逼得学员们都倒退着、迟疑着，谁也不敢走向舱门。孙志文从后边过来了。张华一把拦住他，用手势表示自己要先跳，并且不要别人踹。他要第一个跳，要睁着眼睛，脸不变色心不慌地跳。如今，考验和挑战既已来到面前，自己就要勇敢地迎上去，跳！

张华挡住班长，推开战友，走到门口，睁大眼睛，跳下去了。在离开机身、坠入高空、降落伞还未打开之前，他有点晕眩，但马上又清醒过来。他觉得自己是在扑向祖国母亲的怀抱里，是在向大自然的深处钻探，扑得那么快，钻得那么欢，简直像离弦的飞箭一般！在这种亲切的、骄傲的情绪中，降落伞打开了。当他吊在像一朵花似的降落伞下面，随着微风，徐徐下降的时候，他居高临下，鸟瞰祖国的大地，尝到了战斗的幸福，也感到了当一名保伞员的神圣职责。

一场狂风暴雨后的一天，张华和战友们又乘飞机飞入云层，进行高空训练。雨后的天空，白云翻滚，气流很不稳。飞机一上高空，便强烈地颠簸起来，时高时低，左右摇摆……许多战士都不适应。有的头晕眼花，满头大汗，有的浑身无力，呕吐不止。张华也头晕目眩，脸色苍白，想要呕吐。他紧咬牙关，顽强地坚持工作着。他细心地观察着每个仪表，准确地校正每个数据，严格地检查着每个开伞器。当他校正完40多个开伞器的时候，体力消耗过大，汗水流得过多，发生了虚脱：头晕目眩，一个踉跄，差点跌倒。

小吕扶住了张华，劝他休息。

张华说："不，现在练，确实很艰苦，很困难！可是，我们要胜利，要进步，就得吃苦耐劳，不怕困难。"

战士们又和张华一起，奋战了4个多小时，校正完了80多个开伞器，出色地完成了任务。

一天中午，骄阳似火，天气闷热。战士们由于酷暑，提前休息。从工作室里却传出了低低的讲话声。孙志文走进去，只见电视屏幕上，有个人拿着教杆，正在讲解数学习题。张华坐在电视机前，埋头书桌，正在记笔记。豆大的汗珠，从额头上、脖颈上向下滚，但他毫不理会，认真听，仔细记，全神贯注，以至孙志文站在他身边好几分钟，他还没有发觉。利用这几分钟，孙志文看清楚了，张华不是在做笔记，而是跟着电视上的老师做习题。

孙志文惊奇地问："你这是在干什么呀？"

"解这个X！"张华答着，头也没抬，照旧钻研习题。

"张华!"孙志文急了，严肃地问，"电视机是给大家看节目的，你一个人老看这些洋码字有啥意思？"

张华这时才知道是班长在跟他说话，忙站起来让班长坐，并认真地说："班长，我这是在学习。"

"学习也要突出政治！"班长毫不含糊

地说，"当兵的任务就是坚守岗位，搞好本职工作，保卫祖国。怎么，你还想考大学？"

张华憋不住了，不由得顶了班长一句："大学也是人考的，我为什么就不能考？！"

"你是军人！军人要服从命令听指挥！"班长说过这句话，缓和了一下口气，说："张华，我知道你是个好同志。可是，你不能整天钻在这些洋码字、外国文里边，你得突出政治，明确方向，不能走到白专道路上去！"

"我离那个'专'还差得远呢！"张华诚恳地告诉班长，通过这一段业余自学，感到自己虽然高中毕业，可真正的文化科学知识，比不上"文革"前初中二年级学生的水平。他很苦闷，也很着急。感到要实现自己的理想，要让祖国尽快地富强起来，必须从今天做起，争分夺秒，努力学习，把被"四人帮"耽误了的宝贵年华夺回来！

孙志文看看张华，看看这间窗户紧闭、闷不透风的屋子，又看了看桌面、凳面上那一点点、一片片汗水的印记，脸上发烧，心里像猫儿抓挠。他感到错了！原来，张华学的是文化科学知识，争的是祖国的繁荣富强！这绝不是什么"白专道路"，而是一种多么宝贵的思想品德！这是多么好的战士啊！可是有些人叽叽喳喳，背后议论，自己作为班长，学习抓不紧，思想不开窍，对别人的学习也不积极支持，有时甚至刁难！这多么令人惭愧不安呀！？

班长又问张华为什么不抓紧自己的入党问题。

张华说："从心里热爱我们的党，怎么会不重视自己的入党问题呢？但是，入党并不是我的目的。过去，我们看电影、看小说，那许多的共产党员都是在战场上奋勇杀敌，在敌人面前视死如归的人，他们为党的事业、为人民的事业忘我奋斗，不惜牺牲自己的一切。我应该具备了这一切，才能迈入党的组织！"

孙志文受到了很大的启发。他决心加紧工作，及早培养张华入党。他找到了党支部书记，汇报了谈话的情况，又给张华联系了一位中学教师，让他利用假日去向教师请教，补习功课。

张华的学习劲头更大了。但由于过去系统的学习太少，许多课程缺乏指导，连考了两年大学，都名落孙山。张华不灰心，勤奋学习，强攻难关，终于在1979年夏天，考上了大学。同年8月25日，党支部召开党员大会，讨论张华的入党问题，全支部42名党员一致通过张华入党。

孙志文高兴地跳了起来："张华同志，你考上了大学，又终于成为一名党员了！"

青年火车头

→ 追求真理

★★★★★

　　1979 年秋，张华来到古城西安，进入了中国人民解放军第四军医大学学习。

　　第四军医大学，人才荟萃，是全国的重点大学，在西北久负盛名。

　　张华在第四军医大学学习期间，正是中国历史上的重要转折时期。党的十一届三中全会确定把党的中心工作转移到社会主义现代化建设上来。党中央着手平反冤假错案，清理十年内乱造成的严重后果。社会上也出现了各种各样的思潮。有人怀疑党的领导，怀疑社会主义制度，有些地方甚至出现了少数人闹事的现象。树欲静而风不止，四医大也不是世外桃源。上政治理论课时，在气氛严肃的课堂上，当老师讲到"青年人要走又红又专的道路"、"要热爱领导我们前进的中国共产党"等内容时，讲台下有少数学员，竟然发出了"哧哧"的讥笑声……

马列主义还灵不灵？共产党的领导还要不要？社会主义制度是否还优越？这些带有根本性的问题，这些被近百年来中国人民的革命历史反复证明了的真理，当时却在一些人的头脑里模糊起来。

看到这些现象，张华心里很着急。但是怎么改变？怎么扭转？他一时也没主意。于是，他去向中队的教导员请教。教导员是一位思想敏锐、作风严肃、对于社会上资产阶级自由化舆论非常反感的老同志。他听张华谈了自己的见闻和看法，说：

"小伙子，眼力不错。能从日常的生活中、学习中，辨别方向，识别事物，判断是非，说明还有点儿马列水平！当前，确有一股自由化思潮，来头不小！要学好文化科学知识，首先要张开理想的风帆！"

张华抬起头来，仔细打量着教导员，只见他那赤红色的脸盘上，浓眉如剑，一双明亮的眼睛里，闪烁着犀利而坚定的光芒。他的语言铿锵有力，给人一种勇气、信心和力量。张华接着又问："怎么才能张开理想的风帆？"

"这就要靠马列主义毛泽东思想了！"教导员停了停，又告诉张华：只有加强马列主义毛泽东思想的学习，从实际出发，实事求是，才能张开理想的风帆，正确地分析和解决现实的问题。张华听了，非常高兴，回到宿舍，打开他入学时带来的小木箱，取出了《共产党宣言》、《毛泽东选集》和一些关于青年思想修养的书籍，认真阅读。读完了，他又用津贴费新买了不少政治读物。小木箱装不下了，同学杜振波拿来自己的大箱子，让张华装书。张华边读边买，大箱子也装不下。杜振波建议张华把那些政治书籍处理掉。张华说："留着吧，我们要学习科学技术，学习外语，政治学习也不能放松！我们作为新时代的大学生和军人，学习马列，辨别方向，做到又红又专，这是起码的要求。"

刻苦的学习，反复的探讨，使张华对真理和真理标准问题的认识，渐渐明确了、深化了。但是，社会上又有人鼓吹"马列主义过时了"、"毛泽东思想不灵了"的谬论。四医大有些同学知识面不宽，理论根底浅，听到这话，分辨不清，有时也跟着人家喊叫。

一个春暖花开的下午，五六位哲学爱好者穿过校园里的林荫道，来到百花争艳的花园里，坐在一片草地上，谈起了当时社会上正在讨论的真理问题。他们促膝谈心，各抒己见，讨论得非常热烈。有一位同学说，最近他从报纸上看到一种观点，认为马列主义过时了，毛泽东思想不灵了，到底怎么样？自己说不清。于是，同学们立刻围绕这个问题，展开了热烈的讨论。

张华坐在一边，拿一个小本本，记一记，想一想，好半天没说话。一位同学要他谈谈见解。他想了想，才慢慢地说：

"弄清这个问题，我们得算几笔账。"

"嗬，好新鲜!"小宋惊奇地叫了起来，"张华不简单，要用数学方程式，来解哲学问题了!"

张华接着说："我最近也从报刊上看到了'过时论'和'不灵论'的观点，不过，我找了一些材料，算了几笔账，倒很能说明问题。"

同学们立刻围过来，要张华公布自己的几笔账。

张华站起来，神气地咳嗽了一声，然后，学着说书人的口气说："真的假不成，假的真不了。马列主义灵不灵？算几笔账自分晓。"接着，他算的头一笔账：从1848年马克思、恩格斯发表《共产党宣言》算起，到1917年，俄国十月革命成功，共69年，在马克思主义指导下进行的无产阶级革命，在俄国取得了全国胜利，解放了近两亿人民。

第二笔账是：从1917年到1949年，只用32年时间，马列主义武装的苏俄和世界革命人民，打败了德、意、日法西斯，解放了东欧和许多被奴役的人民。更重要的是，占世界人口1/4的中国人民，在中国共产党的领导下，高举马列主义毛泽东思想的大旗，推翻了三座大山，建立了社会主义的新中国。这又是马列主义毛泽东思想的大胜利。

几位同学听到这里，禁不住叫好。

这时候，从远处走来一位穿蓝裙子的姑娘，来到他们身边。

未来的哲学家们，对大方、秀美的姑娘的到来感到奇怪，一个个不知所措地瞧着她。

那姑娘打量了一下众人，才礼貌地点了点头，说："刚才在花墙那边，听你们谈得有意思，想来听一听。可以吗？"

张华也客气地说："当然可以，欢迎指导。"

那姑娘拿着一本书坐在一边，几位同学又要张华继续谈。

张华说："前边是算革命斗争时代的账。有人说："马列主义是指导革命的真理，在指导经济建设上不行、过时了。为了弄清这个问题，我也查了很多资料。"

同学们都说有意思，这个账应该好好算一算。现在有些年轻人，眼睛盯着西方的资本主义，以为月亮也是美国的圆。可是，我们有些搞政治工作的干部，只会"忆苦思甜"那老一套，只会纵比，不会横比。没有说服力。

张华说:"纵比横比都可以,关键是不能脱离实际。大家知道,我们中国,从林则徐、梁启超、康有为、严复到孙中山先生,先后搞了禁烟运动、戊戌变法、洋务运动,后来又有人学习西方,效法法国,搞实业救国、科学救国,力图在中国建立一个资本主义社会。结果呢?都失败了。只有在中国共产党的领导下,推翻了三座大山,才建立了社会主义的新中国。建国三十多年来,在经济建设上,无论是纵比,还是横比,我们都取得了伟大的成就。

"先说纵比。同旧中国比较,1940年前,中国搞了半个多世纪的工业,工农业总产值只有466亿元。其中工业产值只有140亿元,国民总收入只有358亿元,钢产量只有15.8万吨。解放后,在马列主义毛泽东思想的指导下,我们只搞了30多年的社会主义建设,1981年,工农业总产值就达7490亿元,比1949年增加了16倍。其中工业产值5178亿元,比1940年增加37倍。国民总收入3880亿元,比1949年增加11倍。

说到这里,几位同学又激动地鼓起掌来。

独有那位坐在一边看书的姑娘，放下书，插进来说："这样算得细，怎么不算'文化大革命'的损失呢？十年浩劫，损失多大呀！"

"是的，十年动乱，损失惨重！"张华沉重地停了停，又说："我们还要看到，这并不是我国独有的现象。最近，我翻了一下世界历史，发现革命和复辟、社会的动乱，在许多资本主义国家里，也都多次发生过。我国的文化大革命，动乱了十年，而资产阶级革命以后，封建地主阶级的复辟动乱，在许多国家都曾发生过，有的还不止一次。就拿法国来说吧。法国历史上的第一个资产阶级共和国，即第一共和国是 1792 年成立的。过了不到 12 年，到 1804 年，就被拿破仑一世建立的法兰西第一帝国所代替。1848 年二月革命后，才成立了法兰西第二共和国。后来只过了 3 年，又被路易·波拿巴发动的军事政变所推翻。就这样前后折腾了近半个世纪，才确立了资本主义制度。我们都记得'四人帮'猖狂的情景。可是，具有高度社会主义觉悟的中国人民不满"四人帮"的倒行逆施，1976 年'四五运动'时，100 多万人拥上长安街，悼念周总理，声讨'四人帮'，为我们党迅速、果断粉碎江青反革命集团奠定了基础。这不是马列主义、毛泽东思想的伟大胜利是什么？！——这正是我最近算过的第四笔账。"

同学们纷纷发言，他们都被张华有理、有据、有说服力的发言折服了。可那位秀美端庄的女同学，却仍然坐在花旁，正在目不转睛地看她那本托马斯·潘恩著的《理性时代》，她那对张华的发言满不在乎的态度，激怒了小杜和小徐。他们差不多同时问：

"这位女同学，请问贵姓大名？"

"怎么？要查户口吗？"那姑娘笑着以攻为守。

两个大小伙子窘住了，忙笑着说："不，不，只是想问你刚才这些问题的观点。"

秀美端庄的姑娘这才放下了书，淡淡一笑，说："这位同学讲得不错，有实事，有分析，有观点，还有一点说服力。不过，说真的，这种说服力，并没有把我完全说服。我是重视实践的，我绝不听从一切别人塞给我的'结论'或'偏见'。我要通过实践，得出自己的结论，找到真正值得为之奋斗的东西。好，你们谈吧，再见。"

说着，她拿着书站起来，点了点头，转身就走。

张华望着她那渐去渐远的身影，想问问她的名字，可张了张口，没有出声。

"我学习雷锋"

★★★★★

1980 年一个春光明媚的日子，张华正在校园里读书，听见不远处几位同学正在一起探讨人生的价值问题。从天津来的同学小马慷慨激昂地发表着自己的观点："我认为人乃万物之灵，人的价值千金难换，应该尊重人的自由、人的尊严。老实说，进入大学以后，我正在进行自我设计、自我完善。每一个人都应该得到自我满足……"小徐、小韩都不同意小马的观点，说他这样"自我"来"自我"去，个人高于一切，哪里还谈得上为人民服务？说他这种观点是和人民军队的宗旨背道而驰的，因而是站不住脚的。可是有一位同学，又支持小马的观点，认为小马直面人生，道出了人的本质，是值得赞赏的。

小徐不服，大声质问："人的本质是什么？"

"这个嘛，很清楚，人的本质是自私的。'人为财死，鸟为食亡'嘛！"小马得意扬扬、毫不掩饰地说，"当然，在新中国，共产党提倡为人民服务，我们也应当响应。不过，说真的，就大多数人而论，最多不过是主观为自己，客观为别人而已！"

听到这里，张华实在憋不住了，放下书，站起来，走到小马面前，严肃地问：

"按你这么说，雷锋、王杰、欧阳海为了什么？成千上万的为革命、为人民甘洒热血抛头颅的革命烈士为了什么？！全国那么多的共产党员、共青团员、英雄、模范在无论怎样艰难困苦的条件下，坚持奋斗，又是为了什么？！"

刚才还口若悬河的小马，顿时变成了哑巴。停了好一阵，他才哈哈一笑，拐了个弯，说："哈哈，我没注意，原来马克思的大弟子在这里呀！不过，我告诉你：马克思主义也在发展。你注意到了没有？最近，好几家理论刊物上都载文阐述了一个观点！"

众人都惊奇地问："什么观点？"

小马神秘而又得意地答："人是马克思主义的出发点。"

"好！"小马的支持者立刻高兴地叫。

张华和大多数同学却沉默了。他们信仰马克思主义，

△ 张华在帮助同学洗衣裳

拥护马克思主义，但对马克思的许多著作还没有阅读，对马克思主义学说的研究才刚刚开始。对于公开反对马克思主义的东西，他们坚决抵制，敢于批判，但对于披着马克思主义的外衣阉割、歪曲、反对马克思主义的东西，他们往往分辨不清，抵制不力，有时候甚至还当真马克思主义拥护呢! 此刻，他们碰到的正是这样的问题。张华记得，马克思有一句名言:"人的本质在其现实性上是一切社会关系的总和。"说"人的本质是自私的"，这显然是和马克思的观点背道而驰的。但人家不仅说马克思主义在发展，而且说人就是马克思主义的出发点。这一下，把他弄糊涂了！他没有听过这样的提法，感到有点怪。但他怕因自己的无知，损伤了马克思主义的声誉，沉默了一阵，诚恳地说：

"这个说法，我才听到，是否正确？一时难说。等我们学习了解以后再讨论吧！"

小马觉得自己是胜利者，立刻摆出高傲的神气，捧腹大笑，说："哈！马克思的大弟子，今天服输啦！这个很好！不过，你总得说说，你打算做个什么样的人吧？"

"要说服输，还远着呢。说不准是谁服输呢！至于我个人做个什么样的人，很明确：在我入党的时候，我曾举手宣誓：誓为共产主义，坚决奋斗到底！"

"这是政治概念！"小马带点儿轻蔑的口气说，"你能不能说得具体点、形象点、简单点？"

小马的支持者也跟着喊："是啊！简明而形象！"

张华坦然地说："我学习雷锋！"

小马和支持者立刻哈哈大笑，讥笑张华摸不着时代的脉搏，赶不上世界的思潮，甚至连自己是个大学生也忘了，去向一个没有多少知识的战士学习！

张华气得脸色煞白，但他仍然强压怒火，诚恳地说：

"同志，做人不是赶时髦、耍把戏，而是非常严肃、实际的事。我们 80 年代的大学生，不仅要有理想、有知识，而且要讲修养、守纪律，不仅要在文化知识上像个大学生，更重要的是从心灵上、道德上、作风上都是个大学生！"

小马和支持者又笑了起来。

当时，由于十年浩劫的灾难刚刚过去，很多社会问题和思想问题积重难返，党风和社会风气受到严重损害。社会上许多人把学雷锋看作"傻瓜的事业"，嗤之以鼻。张华置身于久负盛名的高等学府，却丝毫没有减弱学习雷锋的劲头。在那人人你追我赶、学术气氛十分活跃的大学校园里，有些人追名逐利，不讲道德修养；有些人沉湎于"自我设计"，不要组织纪律；有些人认为"雷锋这个大兵"和大学生的形象，是很难联系在一起的。他们以为搞现代化建设，攀登科学高峰，雷锋的精神，已经过时了，不屑一提！为顶这股歪风，张华虽然受过多次的嘲笑、讽刺和挖苦，但他毫不动摇，决心要在大学里学雷锋，努力做 80 年代大学生中的活雷锋！现在，面对嘲笑，张华又一次郑重地宣告：

"我们大学生也要学雷锋，让雷锋精神在我们身上延续！"

张华不仅这样说，而且坚持这样做。他以雷锋为榜样，关心集体，关心同志，助人为乐。有的同学不明白，问他为什么自己节衣缩食，熬夜加班，却那么大方地帮助别人，出力花钱？张华腼腆地笑笑，说："同志有困难，总得多帮点！"笔者翻阅他的日记，发现有几段话，展示了他这些行为的坚实的思想基础：

为人民的事业而献身，是一个共产党员应有的品德和党性。

一个共产党员是人民的勤务员。应当把别人的困难，当成自己的困难，把同志的愉快，看成是自己的幸福。脱离群众的人，不管自己有多大本事，也只能是无根的浮萍，鄙俗渺小；扎根群众的人，尽管能力有限，也可以散发无穷的光和热，成为高尚的人，纯粹的人，有益于人民的人。

你要记住，永远要愉快地多给别人，少从别人那里拿取。

正因如此，张华关心他人，不仅主动热情，而且体贴入微，关怀备至。

星期天早上，张华和同学小董正在学英语。小马跑来邀张华和小董上街去玩。于是，三个人出了校门，进入古城玩了一会儿。又进入一家饭店，准备吃饭。

他们买了一只烧鸡、两盘豆腐、三碗米饭，刚要吃饭，来了三个讨饭的孩子。个个衣衫褴褛，蓬头垢面，很不卫生。小马怕影响食欲，喝令他们快滚。有个小家伙害怕哭了，直往后退，但那两只黑瘦的小手，仍然伸在前边。

张华见孩子可怜，把那位大孩子叫到身边，亲切地问他们的父母在干什么，那孩子睁着一双大大的眼睛，直摇头，不吱声。张华对小马说：

"这些饭菜，先让饥饿的孩子吃吧！"

小马立刻问："我们怎么办？"

小董说另买几个烧饼啃啃就行了。

小马想起自己正在进行的"测验"，也不坚持己见，点了点头。

张华将饭菜分给了三个孩子，又给他们分了半个烧鸡。三个孩子破涕为笑，高高兴兴地端着饭碗跑了。

小马啃着烧饼，不大高兴，半开玩笑地对张华说："呀！我没看出，马克思的大弟子也是很讲人情的，宁肯自己不吃或者少吃，也要救济穷孩子，这事嘛，对我很有教育。不过，我记得，那天咱们学习讨论人生问题，我引用一种流行的说法：人是马克思主义的出发点。你还记得吗？"

"我学习不够，对马克思主义更缺乏研究。"张华谦逊地笑了笑，说："不过，我感到这种说法太抽象、不具体，离开了社会、阶级，抽象地谈论人的价值、人的本质，会把一些同学引到邪路上去的。党一直教导我们，一切从实际出发，实事求是。我们考虑任何问题，不能离开现实，脱离实际。"

小董赞成张华的看法，点了点头。

三个人吃完烧饼，走出饭店，上了一路电车。

电车上，很拥挤，没有空座位。他们只好靠后边站着。忽然，有两个穿着华丽的男女青年，从他们身后往前挤去，不一会儿，又从前边退了回来。

当时，社会秩序不太好。有些流氓小偷，常在公共汽车、电车上偷窃作案，有的甚至结伙抢劫，当众行凶，无人敢管。张华见那两个青年男女流里流气，行动鬼祟，立刻提高警惕，观察动向。

那位穿牛仔裤的男青年，悄悄溜到一位乘客身边，趁着人群挤动的机会，很快地掏出了那位乘客的钱包。

张华嫉恶如仇，怒火中烧，毫不犹豫，一个箭步，冲了上去，像是猫抓老鼠似的，一把抓住了小偷的领口。

那小偷十分狡猾，见脱身不得，左手抓着张华的手，右手伸往身后，把钱包递给了同伙女青年，接着就大喊："啊！解放军无故打人！解放军打人了！"

张华抓住那青年的领口不放，说他是小偷，要他交出赃物。

"贼无赃，硬似钢"，那青年反诬张华血口喷人，欺侮群众，并要他拿出证据来。

△ 张华正在学习

　　站在张华身边的小马，看见了小偷在作案，又眼见张华被诬陷，但他不吱声。他只像其他慌乱的乘客那样，往后倒退着，等着事态的发展。

　　明明看见那青年偷去了钱包，自己抓住了，却又没证据，张华一时陷入了被动。那位接钱包的女青年又鼓动乘客，向张华围攻。那位丢钱包的乘客也跟着小偷，指责张华欺侮群众。

　　张华竟被气笑了。他指着丢钱包的乘客说："同志,请你检查一下,看你的钱包还在吗？"

丢钱包的乘客伸手一摸，立刻大叫：

"啊呀妈呀，我的钱包被偷走了！"

接钱包的女青年像触了电，立刻紧张起来，往后边溜。

这阵子，沉着冷静的小董，一直睁大双眼，注视着这位接了钱包的女青年，防备她溜掉，见她往后溜，小董立刻冲上去，抓住了她。

女青年见势不妙，慌忙把钱包扔在脚底下。

张华和小董立刻从女青年的脚下，找到了钱包，归还了失主。

丢失钱包的乘客非常感动，拉着张华和小董的手，说："解放军同志！感谢你们！你们救了我一家人的命——这是我全家人的生活费呀！"

车厢里，顿时充满了对解放军的赞叹："解放军真好！"

"是啊！在这么乱的情况下，一身正气，毫不畏惧，真不容易！"

"这就是生活中的英雄！"

听着这些诚挚的赞美，小马的脸上一阵白一阵红。不知是为自己一时的犹豫而懊悔，还是为同伴的胜利而高兴，心中有一股说不出的滋味。

张华并没有认为这是英雄的壮举。事件以后，直至牺牲，他没有对任何人谈起过这件事。更不用说夸耀了。

张华在总结自己学雷锋的感受时写道：

一个人思想要正，意志要坚定，骨头要硬，志向要远。只有这样，才能在世上办成几件事情。否则，他的一生将在幻想和呼口号中度过，无所作为，枉度一生。

雷锋啊，我的战友！你的生命在我身上延续，你的热血在我身上沸腾！

的确，张华以扎扎实实的行动，把雷锋和大学生的形象，紧紧地连在了一起。连小马也不得不承认：张华是"大学生中的雷锋"，"雷锋式的大学生"！

 "这是我应该做的"

★★★★★

第四军医大学党委及时做出决定，号召大学生向雷锋学习，在全校范围内，开展学习雷锋的活动。各个党支部、党小组，团支部、团小组立刻行动起来了。

张华所在的党小组，多次讨论开展学雷锋活动的问题。有一次，在讨论这个问题时，党员们提了许多具体的建议，表示要在学雷锋中提高自己的思想觉悟，为改进社会风气作贡献。张华说："经过十年浩劫，许多人对学雷锋不感兴趣。我们学生党员要带头学雷锋，做好事，树新风。我建议我们党小组专门组织一次学雷锋活动，到街上去义务劳动，传播新风，要像火车头一样，团结带动更多的同学、群众，把学雷锋的活动开展起来。"

党小组接受了张华的建议，经过联系，确定到西安市解放路饺子馆去搞一次义务劳动。张华在那次义务劳动中表现很出色。

1980年暑假期间，张华乘火车回东北家乡度假。盛夏酷暑，火车上旅客拥挤。张华坐了30多个小时的车，没有好好睡觉，感到十分疲劳。列车过了山海关，穿过沈阳市，离家乡越来越近了。列车到了一个大站，他下车活动，忽然听见墙外传来一位妇女啼哭的声音。

张华转了个弯，跑到墙外的一棵树下，只见一位将要临盆分娩的孕妇，双手抱着腹部，疼痛地呻吟哭泣。张华问她家住哪里，为什么不回家去，那妇女哭着回答，说她父母都在武汉，她自己和丈夫在黑龙江工作，见预产期快到了，她想赶回南方父母家里去生孩子。因旅途颠簸，孩子眼看要早产，举目无亲，无人照管，她和孩子的生命，恐怕都要丢在异乡旅途了。

张华急忙跑到火车站，请求救人。车站说他们是管铁路运输的，要乘车可以，但没有医院和助产设备。张华又搀起那位妇女，要去找医院。

临产的妇女说："这不行啊！这会耽误了你的事，连你的车票也得作废呀！"

"救人要紧！"张华说着，搀扶那位孕妇，就往前走。

这时候，汽笛长鸣，列车缓缓地开动了。那妇女看着满头大汗的张华，又看看那渐渐远去的列车，激动地说："同志，咱们萍水相逢，素不相识。我怎么能这样麻烦你呢？！"

"既称同志，不必客气。"张华说着，搀扶孕妇进入车站附近的一家小医院里。只过了半个小时，孕妇就生下了一个男孩子。张华劝产妇住院休息，等健康恢复后再回去。产妇坚持要走，说她在这里人地两生，无人照顾，坚持要跟随张华这个"最使人放心的好人"，倒车向北，返回工作单位去。

张华无奈，只好在车站住了一夜。等候医院给产妇母子擦洗干净，带了些药，才又乘车北上，绕道 700 多里，向饶河方面奔去。

产妇到前面一个车站就要下车了，张华还未到站。张华问那位产妇的工作单位，离车站还有多远，能不能自己回去，那产妇又难受地哭起来。说自己的单位离车站还有十多里。一个才坐月子不能走的妇女，抱着一个未过三天的孩子，怎么能够回去？又有谁会照顾呢？！

张华沉吟了一阵，心想让他们母子这样下车去，若得不到必要的照顾，说不定还会发生危险。于是，他说他姨妈家就在车站附近，他可以把她母子俩先送到自己的姨妈家，让她们休息，然后再和她的工作单位联系。

那位产妇感动得热泪盈眶。旁边坐的旅客都十分感动，纷纷赞扬张华是个"活雷锋"。

列车到站了。张华又一次改变了自己的计划，抱起那初生的婴儿，搀扶着体弱的产妇，出了车站，先到自己的姨妈家。

姨妈见那母子二人实在可怜，又见张华一再求情，只好让那产妇母子住进家里。张华又跑出去给小婴儿买奶粉，又请姨妈做好了香甜可口的荷包鸡蛋，送给产妇吃。

姨父下班回来了，张华又请姨父骑自行车去找产妇的丈夫。姨父受了张华精神的感染，二话没说，饭也没吃，骑上自行车就走了。

张华和产妇刚吃完饭，姨父带着一位戴眼镜的小伙子就走进了门。小伙子抱起那初生的婴儿，望着虚弱的产妇，再三感谢张华和他姨妈的关怀、照顾。并且给了张华一叠人民币。张华推开钱，腼腆地笑笑，说：

"这是我应该做的，用不着谢！"

→ 鲜明的对比

★★★★☆

学雷锋活动的深入开展，把青年学生们对于"生命的真谛"、"人生的价值"、"人的本质"等问题的讨论，迅速地引导向树立共产主义人生观、世界观，努力从事为人民服务、为社会主义建设服务的实践。

四医大为了便于学员们上动物手术课时搞实验，请老工人喂养了许多狗。老工人非常负责，经常给狗拌食、梳毛、打扫卫生。张华上动物手术课来了，见老工人很辛苦，就主动去帮助老工人挑担子、倒垃圾，干一些重活。

张华带头，好几位同学也跟着干起来了。

此情此景，受到了老工人和许多同

学的赞扬，但小马却不以为然。他笑张华太傻，并关切地提醒张华说："我看你这人诚恳、老实，挺勤快的，可是我不明白，你为什么去帮助养狗的呢？"

张华笑着说："养狗的是老工人，整年整月地为我们服务。我们帮帮他，也能锻炼自己！"

"锻炼什么呀？一个大学生应该自我设计，每个活动，都应该有明确的目的。你作为中队干部去帮助一个喂狗的，有多大用处呢？"

张华说："为人民服务应当全心全意，不能抱什么个人的目的。"他劝小马要克服以自我为中心的什么"自我设计"、"自我完善"，追求"自我满足"，否则，会犯错误的！

小马十分反感，觉得张华干傻事而又不听规劝，简直是傻得不透气！"孺子不可教也"！他悻悻地离开张华，去做自己的动物手术去了。

自从弄虚作假当"英雄"的"自我设计"破产以后，小马苦恼了好长时间，白天怕上课，晚上睡不着，经过干部和张华等同学的教育、帮助，他敷衍着作了一些自我批评。政治课他不上，思想上变得更加低级、庸俗。

学校图书馆有个女管理员，长得非常美，大眼睛，圆脸盘，粉红色的脸蛋，一笑两个酒窝。小马去到图书馆借书，她笑脸相迎，小马以为是姑娘对自己有意，想入非非。于是，在他第三次借书的时候，看见姑娘又向他发出甜蜜蜜的笑，他春心漾动，神志昏昏，在接书时，用左手抓住书，右手紧紧地攥住了姑娘那白嫩娇柔的手，并且满含深情地暗送秋波，又用手在姑娘的手心抠了抠。

那姑娘的脸色全红了，迅速地抽回了手，指着小马大叫：

"流氓！你这小流氓！"

小马惊呆了。他没想到事情变得这么糟！周围看书的同学都围上来了，听了那女图书管理员的述说，不容分说，都批评、指责小马……

小马没办法，只好当众承认自己判断错误，把热情服务当成了爱情的表达。至于什么道德呀、品质呀，他不承认，也不检查。

队长、教导员和同学们对小马进行了严肃的批评。小马对同志们的帮助很反感。认为这是干涉他的"恋爱自由"，是"墙倒众人推"，和大家顶起牛来。大队领导又严肃批评了小马的态度，说他的错误相当严重，若不认真检讨，要给纪律处分。小马害怕了，他去找革命军人委员会副主任张华谈心，希望张华帮助他分析分析这些问题。

张华对小马开始解剖自己表示鼓励，但接着指出："你这次出现的问题虽然和上次的问题不同，但中心点没有变，还是在围绕着个人主义打圈圈，思想问题不解决，错误还可能犯。"张华说："极端的个人主义是万恶之源，再加上骄傲自满，固执己见，那就更危险了。一个人在社会中生活，不考虑社会的需要,人民的需要,国家的需要,而醉心于'自我满足',来搞'自我设计'、'自我完善',很可能犯错误。"他诚挚地希望小马从自己的人生观、世界观上找找原因。

张华见同学小杜脚冻坏了,就把自己的皮棉鞋给他穿。小马见了感到十分奇怪。他相信"人的本质是自私的"观点。可是如今面对张华,面对那一群又一群学雷锋做好事的同学们,他对那样的观点发生了怀疑。他感到起码有相当多的人不是自私的,像雷锋、王杰、欧阳海那样的革命烈士、英雄模范,还有像张华这样的人,难道都能说他们的本质是自私的吗?实在不能呀!

但是,真要他小马抛弃那种以自我为中心的思想,去干那种专门利人的"傻事",是困难的。因为那个自我,是他小马的一切,小马的生命,小马的灵魂。社会的舆论,学校的要求,老师的教导,使小马那"名医加美人"的"自我设计"方案有所收敛。经过苦苦的思索以后,他在班上作了检讨,表示要挤出时间参加政治活动和学雷锋活动。

但是,一天晚上,小马因病到附属医院

注射室打针。注射室灯光明亮，只有一个女护士值班。那护士长得非常漂亮，小马一见，心中暗想：我能有这样一个爱人该多幸福呀！于是他主动地向那位姑娘介绍自己的身世、经历，特别宣扬了他如何努力学习争当博士的打算。

那姑娘一边摇着链霉素瓶子，等药水化开，一边微笑着听他闲谈。药水化开了，姑娘要给他进行肌肉注射。他见那姑娘并未动情，便根据他那"异性相吸，强而有力"的"理论"，完全脱掉了裤子，露出了下身……

女护士吓得厉声惊叫：

"来人呀，有流氓！"

附近的医生、护士都闻声赶来了，围住小马质问、怒斥。小马尽管极力狡辩，无济于事。众人把他那不道德的猥亵行为反映到学校领导那里去了。

学校领导认为他已经失去了一个新中国大学生的起码道德，决定勒令退学，取消他四医大学员的资格。

小马听到宣布，眼前一黑，双腿发软，差点儿昏倒。他趴在床上痛哭了一场，悲呼自己"完了！一切都完了"。他后悔自己当初没有听张华的劝告，把那"自我设计"的陈词滥调，当做80年代青年奋起的灵丹妙药，反复"服用"，使自己走到了这步田地！在离开学校的前一天下午，他去找张华谈心，表示他非常后悔，对不起张华。

张华说："知道错了就改，改了就好。人生的道路每一步都很重要，不能马虎。从自我出发，片面进行'自我设计，自我完善'的说法，迷惑过不少同学。但他们觉悟得早，受害较少。你虽然受害较深，但如今认识了、觉悟了，悔过自新，机会还有。只要决心为人民服务，大学不上了，还可以在其他岗位上为人民办事。失败乃成功之母嘛。"

 # "一对活雷锋"

★★★★★

告别了小马，张华心里一直很沉重。他知道小马的错误自己虽没犯，但自己有时也为个人打算。特别是当个人利益和集体利益发生矛盾的时候，自己虽然服从了集体利益，但有时勉强，有时迟缓，有时不够自觉。"前车之覆，后车之鉴"，难道自己不该从别人的错误中吸取教训吗？

他感到作为同学，自己对小马虽有帮助，但做得不够。

1981年暑假，张华回到黑龙江省七台河市的家里，和父母兄弟团聚。那时，张辉的身体已经好了。经过恋爱，已经和他的同学李彩玲结了婚。张华见哥哥和嫂嫂亲密无间，非常高兴，热情地祝贺他们结合。李彩玲说：

"你哥哥常跟我谈起你，常跟我念叨你信上写的话，说理想是人的翅膀。人没有理想，像鸟儿没有翅膀，学习没心劲，工作没力量。他还让我好好地向你学习呢！"

张文良和潘英花对儿子既关心体贴，又要求很严。一见面，潘英花先给儿子端来了一碗香喷喷的荷包鸡蛋，让儿子垫垫饥，不一会儿，又给儿子端来了炒米饭，让儿子吃着，和儿子交谈。老两口详细地询问了张华的学习、生活、劳动、工作情况，还特别询问了他和党组织和集体和同学、和当地群众的关系。

张华笑着说："爸爸，我已是20多岁的小伙子了，你们总还把我当娃娃！"

"儿行千里母担忧啊！"潘英花深情地说，"小华，你虽20多岁了，在妈眼里，你还是个娃娃。每端起饭碗，妈就想起你小时候扒拉米饭，被爸爸罚去端水浇菜的事儿。"

张文良说："大了有大了的事情。听说有些大学生跟着人家跑，鼓吹什么'自由化'。你们四医大没有吧？"

"个别人也有这种思想，但绝大多数同学反对，成不了气候。"

张文良高兴地说："你做得很对。那些企图否定党的领导、坚持搞自由化的人，嘴上说得好听，实际是在捣鬼，我们不能上当。几十年的风风雨雨，反复证明了一条真理：没有共产党的领导，祖国的建设就搞不好，群众的光景就过不好。你们这一代大学生，千万不能把这一条基本的真理给忘了！"

张华和父母兄弟正在说话，隔壁的老大娘端着一碗鸡蛋来了，一进门便大声说：

"小华，小华！你回来啦？"

张华急忙迎上去，搀住老人。老人递过鸡蛋，说："孩子，这是大娘给你做的鸡蛋，你吃吧！"张华说自己刚才吃过了，要老人留着自己补养。

老大娘故作生气地说："这孩子，不能看不起人呀！"

张文良和潘英花都惊奇地睁大了眼睛。

老大娘笑着说："小华去年放假，帮我家干活，又劈柴，又拉煤，忙活了多时，连一口水也没喝。今天娃回家，我做几个鸡蛋送来，该不吃吗？！"

张华只好收下鸡蛋，送给老人一包糕点。老大娘才高兴地走了。这天晚上，张华和哥哥张辉促膝谈心，直到深夜，刚睡下，街上忽然传来阵阵喊声：

"洪水来了！洪水来了！"

张华、张辉急忙起床，只见一股洪流，"哗啦"一声，推开房门，冲上炕来了。张华和张辉来不及收拾房里的东西，穿着裤衩，迎着激流，冲出房门，去招呼父母兄弟。

　　这时候，全家的所有房子都泡在了洪水里，整个街道，也被洪水淹没。原来，张华家从饶河搬到七台河市以后，就住在维垦河边。这里地势低洼，排水不利，再加上暴雨成灾，雨水冲垮了上游的水库，洪水顺流而下，一夜之间，淹没了七台河市的大片住宅区。许多地方水深达两米。张华家的水位，也很快地升到一米多。

　　面对深夜袭来的洪水，张华和父亲、哥哥一起急忙找绳索，找木料，绑了个木排。张华和哥哥推着木排，先把母亲和嫂嫂救出险境，然后来运东西。可是，他们再进门，看见家里的箱子、柜子、衣物、用具、被褥……都漂了起来。有些东西在水流中漂游、旋转，随时可能顺流而下，不知去向。这是他们一家人劳动的积累，生活的必需品呀！他们拼命地抬木箱，捞粮袋，拾被褥……

　　正在这时，街上传来了撕心裂肺的呼救声：

　　"救人哪！救命哪！"

　　张华把自己才捞起的一只箱子，放上木排，听到呼救声，即问张辉说："哥哥，怎么办？"

　　"这没二话！"张辉也把自己刚捞起的一袋粮食，放上了木排，说："救人要紧，先救群众！"

张华兄弟二人推着木排，出了家门，直向呼救处游去，见一位老伯搀扶着老伴，还有一位青年妇女和一位约十一二岁的孩子，在激流中挣扎。水深流急，浪涌波翻。两位老人几欲昏倒，小孩子眼看要被水浪吞没了，吓得那位青年妇女嘶声地叫。张华和张辉将这一家四口急忙扶上木排，救出激流，推到安全的地方。

"洪水夜推门，人都慌了神。"张华、张辉兄弟俩送走那一家四口，返回街道上。只听见妇女哭，孩子叫，眼见许多箱子、柜子、被子、褥子在水中漂流。张辉拉着木排，要去抢运家里的箱子、柜子。张华说：

"隔壁的老大娘，儿子不在家，咱们先去看一下吧！"

张辉拉着木排，毫不迟疑地向隔壁老大娘家门游去。

透过茫茫的夜幕，借着闪闪的水色，张华看见哥哥在水中拉着木排迅速地向前游着,似乎更加结实健壮了。他高兴地一个猛子，扎了下去，游到哥哥身边，和哥哥一起，推着木排，来到老大娘家，在门外叫着老大娘。

大娘家的箱子、柜子已经漂在水中了。老大娘正站在土炕上，听见张华兄弟俩叫，忙叫把木排推过来。张华兄弟将老大娘扶上木排，又把她家的箱子、柜子也搬上去，送往安全处。

就这样，张华兄弟俩时而救助被洪水推倒的老工人，时而帮助缺劳力的工人家属转移，时而又帮助老太太捞箱子、捞衣物……当他们推着木排，再次回到自己家里的时候，只看见洪水漫过门窗，激流穿房奔涌，衣物被洗劫一空，浸泡在一米多深的洪水里的房子，倾斜欲倒。

当地党的组织和人民政府积极组织群众，抗洪救灾，减少损失，并且表扬了抗洪救灾中的好人好事。

张华和张辉那种先人后己、大公无私、帮助群众的精神，得到了当地政府和人民群众的好评。

那位被救的老汉，伸出了两个大拇指，激动地说："张华弟兄俩，一对活雷锋！"

那位被张华兄弟救出来的老大娘，逢人便说："小华去年放暑假，帮我家干活，劈柴，拉煤，忙活了多时，一口水没喝，这次又多亏他兄弟俩在洪水里救了我。真是个活雷锋啊！"

在赞扬声中，张华毫不自负，他谦虚地说："共产党员是人民的勤务员，就应当把别人的困难，当成自己的困难；把别人的幸福，看成自己的幸福，全心全意地为人民服务！"

三好大学生

→ 攀登科学高峰

★★★★★

孜孜不倦地学习文化知识，坚持不懈地钻研科学技术，是张华的习惯和乐趣。

军医大学的学习任务是艰巨的。几十门难度很大的功课，大考试、小测验几乎不断。未来的军医，担负着救死扶伤的神圣使命。因此，正规的、严格的高等教育必不可少。但是，这对于主要靠自学才考上大学的张华来说，意味着要承受大大超过他人的压力，花费比他人多得多的体力和精力，需要有更大的决心、意志和毅力。

有的同学见他学习太紧张，劝他说："上大学不像考大学，不用太紧张！""进了大学门，劲头减三分，考试求及格，照样拿文凭。"张华说 :"不行! 学习是和时间赛跑, 要争分夺秒, 还要把被'四人帮'耽误的时间夺回来!"

张华在日记本中写道 :

学习是要贪婪地、不懈地、时刻不断地钻研, 养成学习的习惯。

在不断的学习中, 我体会到火热的生活, 是一刻也不停止地在斗争中前进的。我感到火热的生活时刻在向我召唤, 感到从不断的学习中, 能不断地获得青春和力量。

在学习中, 我体会到创造生活的愉快。这愉快是时间创造出来的。爱时间就要抓紧现在, 而不是只惋惜过去, 留恋自己的影子。不要"幻想"将来, 而要"理想"将来, 在理想中抓住时间, 才不会辜负时间。

在学习中, 我感到时间是前进的标志。跟着时间一起前进, 才是真正的前进。

这些从反复实践、深切感受中提炼出的语言, 字字珠玑, 句句闪光, 发人深思, 促人猛省。张华最爱时间, 然而, 吝惜的时间, 却不肯多给任何人一分一秒。怎么办?他下决心去争、去挤, 让同等的时间, 发挥出更大的效益!

四医大第二附属医院旁边, 驻着一支友邻部队。他们的起床号声比医院早半个小时。每天, 兄弟部队的号声一响, 在二院上临床课的张华, 就一骨碌爬起来早读。中午, 同学们都睡觉了, 张华常常放弃午休, 继续学习。出操前后、外出乘车、看电影前、赛球空隙，一点一滴的时间，他都要挤出来读书、学习。他是学校篮球队的队员，每逢外出观摩或进行比赛，他都要把书本或笔记本带在身边，见缝插针地学习。晚上，他爱"开夜车"，常常越过了学校规定的休息时间。干部叫他去休息，他往往"易地再战"，从东教室躲到西教室，从大教室躲进小教室……

张华是大队的篮球队员，又是学校校队的篮球队员，经常参加各种比赛。1981 年 5 月，学校篮球队参加了西安市举办的高等院校篮球联赛。训练、比赛，几乎占去了他全部的课余时间。许多功课堆下了，怎么办？张华能挤的时间都挤出来了，他又几次去到队部，跟队干部蘑菇："晚上熄灯后，让我在活动室里多学一会儿吧……"队长被他磨烦了，虽然点头同意，但仍不放心地叮咛："可别睡得太晚。"张华虽然累，但是"开夜车"、赶功课，劲头十足。

一天吃过晚饭，张华急匆匆地回到宿舍，更换运动衣，准备晚上外出比赛。猛地，队长推开了门，说："张华，为了搞好比赛，学校已经同意，你们校篮球队员，可以不参加明天的生理课小测验。"

张华听了，却回答："考试是对学习效果的检验，我还是想参加！"

"你还要外出比赛，哪里有温课的时间？"

"比赛回来以后，我在活动室里加加班！"

就这样，张华一方面参加紧张的篮球训练、比赛，一方面又参加紧张的复习、考试。自己给自己加压力。有人问这是为什么，张华在日记中写道：

没有真才实学，再好的理想也实现不了！

他在中学时代学的是俄语，上大学后，改学英语，感到很吃力。但他知难而进，毫不气馁，摘了个小单词本子，装在身上，抽空就念。发音不准，他专门买了一台录音机，跟着练习会话。后来，英语总考，他取得了 86 分的好成绩。

张华学习专业知识，重视实践，重视体验。有一次，学习的课程是"插胃管"。要把一根像筷子粗细的橡皮管，从人的喉咙里插进去，直抵胃囊。这是很难受的！被插管的人恶心呕吐，又是鼻涕又是泪，十分痛苦。课程结束后，张华偏要体会一下病人的痛苦，决定自己给自己插一次胃管。有人劝他别自己折磨自己，张华却说：

"多从自己身上体验，了解病人的痛苦，将来不更有益于治病吗？"他和同学小韩，每人拿起一副胃管，自己动手，往自己胃里插。张华插着插着眼泪出来了，鼻涕出来了。他毫不手软，接着再插，恶心，呕吐，满头大汗，但他吐完又插，一直把胃管插进了自己胃囊。有人问他感觉怎么样？张华笑着说："是不好受！不过，要学习医疗知识，能怕痛吗？当我想到当年的烈士们，在敌人的酷刑面前坚强不屈，也就无所谓了！"

了解张华的同学们说：他对待学习有一种强烈的兴趣，有一股旺盛的精力，也有一种坚持不懈的毅力。这种兴趣、精力和毅力是从哪里来的？张华在 1979 年 11 月给党组织写的一份思想汇报中，具体地说明了这个问题：

我为什么能上大学？这是在我们党粉碎"四人帮"反党集团，把党的中心工作转移到四个现代化建设上来，需要培养大批的技术和专业人才的时候，党信任我，人民相信我，才把我送到学校进行培养。我是一个党员，党的事业就是我的事业。党需要我，我就要为党去奋斗。今天党需要我来学习，我就要把学习当作主要任务。如果我完不成党交给我的这个任务，那就是我的失职，那就不配做一个党的成员。所以，只要身体许可，我就要争分夺秒。基础差，就要多学多问；反应慢，就要多想多看。别人用一个钟头，我用两个钟头，不完成任务决不罢休！

功夫不负有心人。贴在墙上的学习成绩栏表明：张华在四医大三年来的 27 次考试成绩，多半都在 80 分以上。数学成绩达到了 97 分。这虽然同学习尖子相比还有差距，但对基础较差的张华来说，已经是难能可贵、十分可观的了。

张华爱读书，苦读书，但不是书呆子。他爱美术，爱唱歌，爱摄影，爱运动。他爱打篮球，球技不错，球风更好，他爱和同学们一起上骊山，攀华山，领略祖国风光。他有一架照相机，拍摄了不少生活、学习小照，他的专业是医学，

却也看过不少的社会科学和文艺书籍。他是
一个理想远大的人，是一位天真活泼、情趣
盎然的人，又是一位诗情洋溢、多才多艺的人。
从他的生活情趣里，又可以窥见他的追求和
向往。闲暇时，他喜欢朗诵岳飞那阕豪情迸
发的《满江红》：

怒发冲冠，凭栏处，潇潇雨歇。抬望眼，
仰天长啸，壮怀激烈。

三十功名尘与土，八千里路云和月。莫等闲，
白了少年头，空悲切。

他的声音慷慨悲壮，颇得原词的神韵，

但又掺进了一代新人似火的激情。朗诵完，余兴未尽，他又对同学们说："今天如果我们学得不好，将来个人白了少年头，终究事小，在工作中出事故，影响祖国的四化建设，那才是大事！那时只有'空悲切'，怕怎么也来不及了！"

 运动场上"小老虎"

★★★★★

　　张华重视体育锻炼，注意德、智、体、美全面发展。他知道身体是革命的本钱，没有健康的身体，没有充沛的精力，便不可能更好地为人民服务，不可能更有效地为理想而奋斗。因此，十多年来，张华天天锻炼，天天运动，从不间断。他练长跑，练跳高，练滑冰，练游泳，练打乒乓球，练打篮球，还练武术。

为了练好打篮球，他常常不是浑身出汗，精疲力竭，就不下球场；为了练长跑，他曾用帆布缝成袋子装上沙子，绑在腿上，和人赛跑。

考入军医大学后，繁重的功课，无数的作业，严格的考试，使许多同学忘记了休息，丢掉了体育，放弃了运动。作为革命军人委员会副主任的张华，看在眼里，急在心上。他在大队党委的领导下，一方面和团支部书记宋华淼商量，以团支部和革命军人委员会的名义，组织体育、文娱活动，组织各类球赛，组织同学登山；另一方面，决心从自己做起，加强体育锻炼，使德、智、体、美全面发展。因此，无论学习再紧，工作再忙，他都不放松体育锻炼。有一次，快考试了，同学们都在争分夺秒地复习功课，篮球队又需要参加一场球赛。有的队员怕影响考试成绩，不想参加。张华却坚定地说：

"要参加！考试要考，体育锻炼不能停！"

后来球队的同学们合理安排时间，学习时集中精力，练球时抓紧时间，做到了学习、运动两不误。

有一段时间，学习非常紧张，篮球队要经常练球，参加比赛，时间成了大问题。张华感到，自己基础差，底子薄，好不容易得到了深造机会，应该把更多的时间用在学业上，争取尽快掌握医学知识，更好地为人民造福。所以有时赛球，他便借故推脱，不去参加了。后来，推脱的人越来越多，大队长便召集篮球队员开会，强调"赛球"的重要性，提出赛球不但是为大队争荣誉，而且是推动群众性的体育活动，促使大学生德、智、体、美全面发展的重要环节。张华听了后，不仅自己积极参加赛球，而且积极向其他队员做工作。

张华身高 1.73 米，在篮球队员中算矮个。在球场上，面对身高将近 2 米的对手，他不惧怕，不气馁，用他平时刻苦练出的技术，用他跑得快、跳得高、动作机敏灵活的特长，勇敢地带球过人，腾空投篮。由于他动作灵活，姿势多变，速度飞快，投篮准确，虽然不时被对方的几个"巨人"，凌空"盖帽"，无法超越；可是他带上篮球，左穿右拐，轻捷如狸猫，上篮如猛虎，经常突破对方密集的防线，破阵而入，投篮得分，博得场外观众一阵又一阵的喝彩声。为此，大家都亲切地称他是篮球场上的"小老虎"。

运动场是竞技场，优中比优，强中选强，争夺激烈，比赛紧张。尤其是好胜心切的青年人，一上篮球场，你争我夺，谁也不让。如果是"锦标赛"或两个单位之间冠亚军决赛，争夺就更激烈了。张华的球打得好，自尊心又强，在每次比赛中，他都运筹帷幄，谋划战略，全力以赴，争夺胜利。可是，在这紧张的争夺中，他又特别强调注意体育道德，讲究比赛风格，强调输球不输人。在一次二大队和学校上届亚军队的决赛中，随着紧张的战斗，激烈的争夺，两队队员之间，队员与裁判之间，发生了矛盾，并且越来越激化。张华队的队员被打伤了，又有两个队员被罚下球场。不少队员气得要发火，张华却面带笑容，安慰战友，顾全大局，讲究文明。谁料，不一会儿，张华的背心也被对方的一个队员扯烂了，身上也被划破了。场上场下的人们都紧张地注视着张华，以为他要发火——甚至是要"抗议"了。然而，张华只轻轻地把背心脱下来，放在一边，然后拾起篮球，规规矩矩地递给裁判。裁判正在火头上，飞起一脚，踢起球来，打在张华头上。张华没有精神准备，当众受辱，霎时间满脸通红，浓眉倒竖，眼看着就要发火。可是，他抬起头来，看了看周围的观众，又看了看双方剑拔弩张的两队队员，觉得自己这个共产党员，越是在这种场合，越是要讲究文明，顾全大局，发挥党员的模范作用，最后还是忍让下来。他哈哈一笑，拾起球来，继续比赛。

球赛结束后，张华主动找大队政委，汇报思想，谈到了对方的毛病，裁判的问题，也检查了自己的不足之处。有批评，也有自我批评、自我解剖。后来，张华又主动地找到踢他那一球的同志谈心。那位同志火气未消，不理张华，便离开了房间。过了一周，张华第三次去找他谈心，说："我找你谈心，也不是为了个人恩怨。咱们组织赛球，目的不是争输赢，主要的是想通过这项活动，增进友谊，增强体质，活跃紧张的大学生活。如果那天咱们俩在球场上闹了起来，球赛中断，将会造成多么不良的影响啊……"

宽阔的胸怀，炽热的感情，深深地打动了对方的心。后来那位同志多次痛悔自己的鲁莽和自私，悔恨自己的无知和狂妄，下决心向张华学习。

登华山

★★★★★

1981年9月的一个星期天，秋高气爽。张华和几位男女同学一起，兴高采烈地去登华山。

华山，是秦岭山脉东段的险峰，是我国名山"五岳"之一，海拔近两千米，山势峻峭，群峰挺秀，断崖千尺，以险著称。许多人想上而不敢上。张华和他的同学们，为了锻炼意志，迎险而上，穿过狭窄的深谷，沿着那蜿蜒曲折的小路，攀险而上，观赏那美不胜收的自然风光。

登上回心石的时候，张云英等两位女同学已经累得满头大汗，走不动了。张华接过她们的背包、提兜，装进了自己的大背包里。上到北峰的时候，两个男同学也累得直喘气。张华又接过他们的挎包，背在了自己的肩头。董希武俏皮地说："张华，你又不是小毛驴，能驮那么多？"

张华笑笑说："爬山是锻炼，多背点，多锻炼，机会难得！"

正说着，忽听前边有人吵闹。同学们紧走几步，来到千尺幢前，只见两群大学生，挽臂扬拳，怒目对视。有个大个子手里还抓着石块，准备打架。张华走上前去，站在中间。隔开对峙的双方，大声喝道：

"石块放下，都不许打！"

那位大个子怒冲冲地指着张华说：

"你算哪门子客？敢来包庇他们？"

面对那十几个气势汹汹、摩拳擦掌的小伙子，张华毫不示弱，大声地说："我是解放军战士，维护社会秩序，是我们的义务！谁敢先打人，我们就抓谁！"

人多势众的一群小伙子，被震住了。张华和同学们保护弱者离开了是非之地，上了千尺幢，气得那位大个子喊："好吧！险处见！"

千尺幢很险。有一段石坡，石壁陡峭，手无处抓。张华搀着张云英，往上攀援。张云英说："啊呀，这山路，真难走！"

"对！"张华也感慨地说，"人生的道路，也和这登山一样，曲折险峻，迂回向前。"

另一位女同学说："哈，张华，我没有发现，你还是个诗人哩！"

"诗人不敢当！"张华笑着说，"我只是触景生情，体会一下人生的哲理。你们看，快到山顶上了，如真临绝顶，一览众山小，我非登上去不可！"

说着，张华健步向前，拉着同学，奋力攀登。

后边的几个同学受到了鼓舞，精神来了，攀登得更快了。

张云英是个倔强的姑娘，听了张华的话，她甩脱张华搀扶的手，不走平缓的盘山路，沿着壁陡滑脚的捷径，使劲地向上攀登。攀呀，攀呀，眼看快到平处了，但由于坡陡路滑，脚下一滑，"扑通"一声跌倒了，并且沿着陡坡，骨碌碌地滚了下去！

几个同学都惊呆了。

张华一见，急声大喊："云英！"奋不顾身地上前去营救云英。

张云英滚了三四米，被一棵小树挡住了。但那棵树太小，坡太陡，路太滑，从高处滚下来的人冲击力太大，小树被冲压得弯下了身子。吓昏迷了的云英，不知道用手抓树。

身子动了几动，眼看又要绕过小树，滚下悬崖去了。悬崖高几百米。如果从那里滚下去，这位天真活泼的姑娘，难免粉身碎骨了。

张华看到这种情景，心急如焚，二话不说，一个箭步，居高临下，奔到云英身边，脚踩着小树根，手抓着云英的脚腕，把正在滑向悬崖深沟的女同学拉了回来。然后急切地叫：

"云英，云英！"

同学们也都跑上来，把云英抬到了宽平处。

张云英渐渐地清醒了。她睁开那一对秀丽的眼睛，看了看张华，看了看同学，又看了看下边危险的悬崖，深情地说：

"张华同学，你救了我！"

"不，不！"张华急忙辩解说，"是小树，也是大自然救了你！"

张云英歇了歇，体力恢复了，可是精神上还不愉快。她跟着张华，边走边惭愧地说："唉！我这人，真娇嫩，爬个山，也滑坡，几时才能锻炼得像你那样坚强呀！"

张华腼腆地笑着说："云英，你比我可强多啦！我这人，常滑坡！"

"怎么？"姑娘惊奇地望着这位好学上进、潇洒俊逸、体格健壮的男同学："你也滑过坡？"

"对，滑过坡！并且不止一次。"张华认真地说，"你知道，我曾把上大学当做爬山，可是，接连爬了两次，都滑坡了，第三次才考上了咱们的学校，走进了大学的大门。如今进了门，抬头一看，还有更高更美的山峰在眼前……"

听着听着，张云英的懊丧消失了，勇气增加了，更加感到张华可爱、可亲、可敬了。她在张华扶助下，攀上了一座又一座陡峭的险坡，观赏了老君犁沟、南天门……当来到鹞子翻身处的时候，看见脚下悬崖峻嶒，白云浮动，更加险峻。张云英吓得出了一身汗。但是，张华还要抓着铁链，要到鹞子翻身处去看看。同学们都劝他不要去，可张华还是抓着铁链下去了。站在那人迹罕至的险峻处，张华高兴得直跳："胜利了! 胜利了! 真可谓'无限风光在险峰'!"

在回来的路上，他们又遇见了那一群要打架的大学生。张华以为他们要寻衅打架。不料，那位好斗的大个子，却拉着张华的手，亲热地说：

"小伙子，敢去鹞子翻身处，好样的!"

下山回校不久，张云英生病住院。张华买了些糖果，去到病房里看望。他见张云英怕耽误功课，不安心养病，又把自己的课堂笔记送去,帮助她补课。云英吃着那甜甜的糖果，看着张华的课堂笔记，听着同学那深入浅出的讲解，深为感激。内心里友谊的种子，不知不觉地长出了爱情的新芽。

眼睛是心灵的窗户。尽管姑娘用意志和毅力抑制爱情新芽的滋长，但她那一对明亮多情的眼睛，早已把她内心的秘密，告诉给了张华。

张华也爱云英，但他是重理想、讲理智的人。他知道学校规定不许大学生谈恋爱，想到自己进大学的艰难，想到肩上沉重的学习重担，想到祖国的四化建设需要知识，他感到时间比金子更可贵。深夜，他在日记中写道：

　　在不断的学习中，我总看到未来的希望，一个连着一个。这样，因为个人生活的小圈子被学习突破了，学习便成了习惯……我感到火热的生活时刻在向我们召唤，感到从不断的学习中，能不断地获得青春和力量……等我长大了，到了能谈恋爱的年龄时，社会大学教育了我，我没有

△ 华山

沉湎于爱情，更没有爱金钱，却爱上了时间。

就这样，虽然内心深处喜欢云英，但张华严格地注意着男女同学之间应有的界限，让理智驾驭着生活的小舟，驶向理想的彼岸。但是，他没有料到，一股意想不到的巨浪，突然来到了他的面前，使他手足无措，苦闷，惆怅，方向难辨。

 ## 平地起风波

★★★★★

张华是个很有理智、谦虚谨慎的人，但是这个意外的事件却使他焦急、烦乱，甚至愤怒、苦恼，久久不能平静。

张云英出院后，努力学习，刻苦攻读，迅速地补上了功课。这位聪明、文静的女大学生，想起自己害病住院期间，张华对她的热情照顾、耐心帮助，特别是想起自己在华山滑坡遇险，张华奋不顾身、拼命抢救的情景，心里热乎乎的。感激、钟爱之情油然而生。她喜欢张华，爱和这位有理想、有志气、有知识、爱助人的男同学在一起学习。和他在一起，自己总感到心灵的温暖，生活的美好，学习中充满信心和力量。

一个星期六的晚上，学校放电影。绝大多数同学都看电影去了，楼道里静悄悄的。云英端着洗净的衣裳，穿过走廊，向宿舍走的时候，与刚刚上楼的张华打了个照面。

"张华，你没去看电影？"

"嗯，听说旧片子，我没去，省点时间看看书。"张华手里拿着课本，微笑着点了点头，走过去了。

张云英忽然收住脚步，回头叫道："哎！张华，我有一个冲好的胶卷，想洗，可不知效果怎么样，请你给看看可以吧？"

张华跟着云英来到八班宿舍。

张云英取出自己冲好的胶卷，请张华看。张华借着明亮的灯光，边看底片边品评。

云英觉得张华言之有理，对于摄影艺术也有点造诣，便打开箱子，取出自己那本心爱的影集，让张华品评。

张华接过那本贴得满满登登的影集，一边翻着看着，一边评说。他从摄影谈到艺术，谈到美学。正当他们谈得有趣的时候，电影结束了。同学们说说笑笑、熙熙攘攘地回到了宿舍。

有位同学俏皮地说:"嗬! 张华和云英, 不看电影看影集!"

谁料, 第二天这事传到教导员的耳朵里, 立刻发生了剧变, 引起了轩然大波。

教导员是个老同志, 工作认真, 学习刻苦, 不苟言笑, 带兵很严, 特别看不惯青年男女在一起卿卿我我的样子。他听说一个男学员和一位女学员在大家都去看电影的时候躲在宿舍里看影集, 心里很警惕, 厉声地说:

"这还了得! 党员带的什么头?这样发展下去, 会造成什么影响?"

有人提醒他: "人家看影集, 不一定就是谈恋爱。"

"肯定是在谈恋爱!"教导员呼地站起来, 在屋子里走了几圈, 掂量着这个事件的分量。他越想越觉得这事严重, 若不及时制止, 岂不乱了套! 他立刻找到值班员, 大声命令: "全队集合! 紧急集合!"

随着几声急促的哨音, 空医中队的百十名学员, 齐刷刷地站在了大楼前。

"同学们! 请稍息!"教导员按照惯例, 在队前行了个军礼, 紧接着, 用他那威严的目光, 从排头扫到了排尾。他想找那位敢于黑夜去到女生宿舍看影集的男学员, 但是未找到, 又像想起什么似的, 把他那抬到眼前的右手, 猛地向外一挥, 说:"不许谈恋爱, 这是军校的一条纪律, 但是, 有人明知故犯! 这个人, 今天外出参加球赛去了, 要不, 我真会要他站出来，给大家看看……"

集会的时间不长，教导员讲的话也不太多，可是，由领导出面在大会上批评男女青年之间关系的事，却成了一条敏感的"新闻"，在第四军医大学流传。同学们有的猜测，有的议论。一个个都急于揭开谜底，好奇地询问那两位"谈恋爱"的青年和他们"挨批的"原委、实情和细节。

女大学生张云英委屈地哭了两次。她受不了人们的议论和嘲笑，气呼呼地叩响了教导员的房门，眼睛里闪着泪花，瞪着眼，喘着气，像要和谁见高低。教导员也听到了一些议论，感到自己需要注意方式。他让张云英不要急，有事慢慢说。张云英原原本本地叙述了她和张华看照片、谈摄影的经过，接着，就向教导员提了一个尖锐的问题："看看照片就等于谈恋爱吗？"

教导员被问住了。显然，在看照片和谈恋爱这两件事情之间划等号，不合逻辑，甚至有点滑稽，可是，一个领导干部在学员面前讲过的话，不能否认。于是，他转了个弯，以长者关怀同学的口气说："队上对这类问题提出批评，敲敲警钟，这是对同学的爱护。至于我讲的话，当然是有所指的。你没有谈恋爱，用不着犯疑。"

张云英被划到事件之外去了，有气无处出，有话无处说，坐了一阵，怏怏地离开了队部办公室。

教导员的队前不点名批评，同学们知道实际上指的是谁。他们很自然地把批评恋爱同"外出参加球赛去了"的张华联在一起。流言、蜚语、猜测、质疑，不负责任地背后议论，使性格开朗的张华，陷入了苦恼的沉思。他好几个晚上都没有睡好觉，在他的脑海、眼前，悬起了一个又一个大大的问号：男女同学之间除了爱情之外，还能不能有友情？在80年代的男女同学之间，难道还要授受不亲吗？青年男女之间为什么不能互相关心、帮助……"这些问题的答案，张华都是否定的。可是，一位大学的政治工作者，为什么那么不负责任地对学生进行公开批评？这是偶然的失误，还是一贯的认识？张华又记起教导员在队前讲话中，多次宣传过类似的观点：

"男同学和女同学，没有第三者在场，不能在一起行走、交谈……"

"男同学和女同学两个人在房间说话时，要敞开房门，至少要有半尺宽的一条缝……"

张华想：教导员讲这些话，完全是出于一片好心，出于怕男女青年之间发生什么问题，是他那以堵为主的管理教育方法的进一步发展。但是，时代已经到了20世纪80年代，仍用这样的方式来管理、约束有理智、有文化的大学生是否合适？这种方法是否有封建思想的色彩？是否有碍于男女的交往正常发展？张华不愿过早地下结论，决定推心置腹地去找教导员谈一谈。

一天晚上，张华做完作业，来到教导员的办公室里。正在看书的教导员，立刻绷起了脸，屋子里出现了片刻的沉寂。张华内心激动，却很有礼貌地说：

"教导员，那天我不在，你在队前的批评……"

不等张华把话说完，教导员立刻严厉地批评起来："你是党员，又是干部，对你的要求应该更严一些。那天批评的事，你要从思想上好好检查……"

有理不在先后。张华耐心地听完了教导员的话，才抬起头来，提出了"男女同学之间能不能建立友谊"的问题。

"男同志和女同志之间，除了爱情关系，只能是工作关系！"教导员毫不含糊地说，"否则，你说你是友谊，是友情。别人说你是爱情，是谈恋爱，你能说得清楚吗？同志，瓜田李下！'瓜田不纳鞋，李下不正冠'，这是常识！你是党员，又是干部，和女同学在一起，怎么就不知道避嫌呢？"

"避嫌是可以的！"张华笑着说，"可是有时候，'嫌'无法避！看见女同学滑坡，将要掉入悬崖深沟，男同学可以避嫌而不去救吗？女同学因病住院，误了功课，男同学前去探望，帮助补课，这不对吗？女同学有疑难，请求帮助，男同学能不关心、不帮助吗？"

这一连串理直气壮的问话，像是一层层汹涌的巨波，冲走了教导员赖以立论的基石。教导员感到无法正面回答，只是支吾地说：

"我不是说了嘛，男女总是有别的……"

谈话毫无结果，谁也未说服谁。但是，教导员是领导，他的思想、观点、倾向，在全队有相当的影响。他的当众批评，很快在全队、在全校造成舆论，形成压力，甚至一时间闹得满城风雨，议论纷纷。特别有些后进的同学，爱传小道消息，有的同学借题发挥，推波助澜。

"哈！男女青年夜晚关在一间房子里……"

"这一下，看！张华这个革命军人委员会的副主任，怎么当呀？"

面对错误的批评，毁誉的流言，冷冷的白眼，张华这个颇有心计的大学生，不惊慌，不急躁，不辩白，不反击，也不因噎废食，而是和往常一样，积极地组织男女同学开展各项活动！举办春节文艺活动，组织球类比赛，教唱革命歌曲……他和往常一样，热情、大方、礼貌、诚恳地对待张云英，对待所有的男同学和女同学。

1982年7月初，女生班的小诸生病住院了。往常，遇到这种情况，张华总要买点营养品去看望，可当时，流言起风波，波浪正汹涌，有些人就看张华这次怎么办。

"按党的要求办！"张华说着，顶着骄阳，走进食品店，买了一斤白糖、两瓶橘子罐头，跑进附属二院口腔科的一间病房里，去探望害病的女同学。

当时，小诸刚做过手术，刀口疼痛，心情紧张，迷迷糊糊地躺在床上。她七八个小时没吃饭了，急得女生班长团团转。张华急忙打开自己买的橘子罐头，给同学吃。小诸轻轻地摆了摆头，无力地闭上了眼睛。张华焦急地问怎么办，女生班长说等一等，张云英买饺子去了。

正说着，门开了。张云英一阵风似的闯进门来，说："唉，饺子没买到！迟去一步，食堂关门了！"

同学病痛、饥饿，张华心急火燎。他悄悄地离开病房，从老师家借了一辆自行车，直奔数里以外的纺织城街头，给病人买水饺。路过堡子村，要走一段很长的陡坡。张华使劲蹬车，奋力爬坡，但由于路长坡陡，上到半坡中间，车子蹬不动了，他又下车推着跑，想尽快找到饭馆，给病重的同学，买一顿可口的饭。可是时近傍晚，他连找了几家饭馆，都没有买到。他不灰心，又向前，终于在街东头找到了正在营业的饺子馆。给服务员说了许多好话，才买到了一盒饺子。

手术后的小诸，吃着可口水饺，望着满头大汗的张华，眼睛里涌出了感激的泪水。

站在病床边的张云英更是激动。她忙掏出自己的手绢，揩干小诸脸上的泪水，又递给张华，要他擦擦汗。

7月10日晚饭时，张华再次买来水饺，送到了女同学小诸面前。

次日中午12点半，张华为救那落入粪池的老汉，窒息入院。张云英和小诸闻讯，忙买了些罐头食品，前去探望……半路上，她们听说张华牺牲了，谁也不相信。她们说："张华不会死! 他热爱同学，重视友谊，关心他人胜过自己。他的形象永远活在同学们的心里!"

→ 优秀党员

军医大学学生中的革命军人委员会，

是个群众性的组织。事情杂，头绪多，很费时间。张华连续三年被选入革命军人委员会领导班子，当选为副主任。对于同学们的委托和信任，张华非常珍重。他说："群众的信任对我是最大的鞭策。为同学们服务，为人民服务，就是我最大的愉快。我宁愿花费更多的休息时间，做好同志们托付给我的工作。"

为了把同学们紧张的大学生活调剂得生动活泼，丰富多彩，张华花费了许多精力和心血。一年一度的班际篮球赛，阶段性的乒乓球赛，十天一期的学习板报，不定期的油印小报《学员生活》，冬季的长跑，夏季的游泳，教唱群众歌曲，摄影书画展览，打扫环境卫生，文明礼貌月的活动……哪一项活动没有耗费张华的心血？哪一件事里没有张华的汗水？

1982年1月中旬，春节临近。教导员问张华："空医中队为了让那些远离家乡的同学过好春节，想举办春节游艺活动，你看行不行？"

张华高兴地说："行！许多同学不回家，我们举办游艺活动，使大家春节愉快！"

教导员高兴地说："好吧，那就把这个任务交给你了！"

"是！"张华立正敬礼，满口答应。他又找团支部书记宋华淼商议。

宋华淼没有组织过游艺活动，害怕有困难。张华说："没有困难，要我们这些人干什么？我们就是为了克服困难、解决问题工作的!"

张华领着宋华淼等几个人,筹备节目,制作玩具。没有木料,没有铁丝,没有彩色纸,他们就自己动手,能找的找,能做的做,能借的借。搞了13个节目,布置满了大厅。张华忙得手上打起了泡,嗓子喊哑了,还不肯休息。他们想搞点奖品,但没有钱。张华利用自己洗印相片赚的15元钱,解决了奖金、奖品问题。

一切准备停当,张华要团支部书记宋华淼出面主持游艺晚会。小宋说:

"这怎么行?你伤脑筋,费体力,跑前跑后,忙活了好几天,才筹备起来,我怎么能出面主持?"

"这是工作需要!"张华斩钉截铁地说,"参加晚会的大都是青年,你这团支部书记不出面叫谁出?"

宋华淼推脱不过,出面主持了游艺晚会。晚会开得丰富多彩,生动活泼,气氛热烈。同学们都高兴地感谢团支部,感谢宋华淼。宋华淼激动地说:

"谢我什么?这多亏张华!"

人们不禁要问:张华为什么要这样干?为什么这样关心集体,关心他人,而毫不计较个人得失?在张华的档案里,有一份他给党组织写的思想汇报。他写道:

……看现实,有的人入党前和入党后的行为截然不同,入党前工作积极肯干,严格要求自己。处处成为大家的表率,可党组织一旦接收了他们，不久这些先进的特点不见了，甚至连一个普通的群众都不如。对于这一点，自己曾经与一些人议论过："他们完全是为了个人目的而入党的，根本不存在什么事业心。"现在，自己入党了，能不能也像这些人一样呢？一句话：不能。我是一个正直的人。入党并不是我的目的，也不会给我什么好处，我为何要像他们一样呢？看过去，电影之中，小说之中，刻画的党员形象，都是在战场上奋勇杀敌，在敌人面前视死如归，永不叛党，为人民的事业而献身。这是一个党员应有的品德和党性，我正应该具备这一点。我立誓：从此以后我是党的人。一切交给党，为党的事业去献身。

张华在检查了自己由于认识片面，在党员的先锋模范作用上做得不够后，接着写道：

直到学习《论共产党员的修养》，党内开展恢复党的优良传统的活动时，自己才从思想上对如何作一个共产党员有了比较清楚的认识。一个合格的共产党员应具备两点：首先要忠诚党的事业，具有为党的事业去牺牲的精神。然后要在平凡的工作中带领群众克服困难，做群众的表率，奋发努力，处处起到一个共产党员的先锋模范作用。

先进的思想指导出先进的行动。正是由于要求自己处处起到一个共产党员的先锋模范作用，张华经常努力工作，关心集体，帮助他人。遇到困难的时候，他总是说："同志们，跟我来，没有过不去的火焰山！"遇到危险的时候，他总是让别人靠后点儿，要自己挺身向前！但是，每当遇到享受、福利、荣誉的时候，他却又总是往后退，往外躲，让给别的同志。正因为这样，许多同学都说他憨厚、老实、有点傻！他自己却笑着说："傻就傻点吧！一个共产党员，对同志，对人民，不能斤斤计较。需要自觉地'傻'，这或许是大智若愚呢！"

张华以他的行动长期起着先锋模范作用，直到他生命的最后时刻。

张华鞠躬尽瘁，走得急促。就在他献身前的最后一刻，还给我们留下了一串串闪光的脚印。

当张华的爸爸妈妈从东北边陲赶到学校时，同学们紧紧偎依在老人的身旁。大家送上了一封封情真意切的书信，安慰失去了爱子的双亲，也表示了自己继承烈士遗志的决心：

——一个新中国的青年，在党和人民需要的时候，毫不犹豫地把生的希望让给别人，而把死的危险留给自己，这是多么美好的品质，这才是生命的真谛！

——他走了，带着一颗金子般的心！他走了，带着一个洁白的灵魂！他走了，带着一腔殷红的热血！他走了，也带走了他那年轻、闪光的生命……

——他用饱蘸着热血的朱笔，写完了生命的最后一页。他向我们提出了一个严肃的问题：人，应该怎样活着？他督促我们深思！他，审视着我们的答案……

上海第二医学院 135 位大学生，联名写信给张华的父母，称呼他们为"爸爸"、"妈妈"。表示要继承张华的遗志，做他们的儿女，成为有理想、有道德、有文化、守纪律的共产主义战士。

张华在去世之前曾经和他的好朋友董希武谈到邵小利。邵小利是一位舍己救人的大学生。他曾为邵小利的精神深深感动，认为邵小利是 80 年代大学生的骄傲。听到有些人说，邵小利以一个大学生的生命去换取一个小学生的生命，不合乎价值规律时，他感

△ 张华烈士先进事迹表彰大会会场

情深沉地对董希武说："这是他们的算法，这种计算方法是错误的、庸俗的，落后于起码的文明道德。如果我碰到邵小利碰见的事，我决不去计算价值。人和动物的价值，就区别在这些地方！"

时间仅仅过去十几天，张华就踏着邵小利的脚步走了。他们是新一代大学生中杰出的代表，是优秀的共产党员。

高于华山

张华牺牲后，围绕张华的牺牲，在四医大、在西安街头，在全国的工厂、农村、学校、机关，人们都在谈论着、私议着，有的甚至争论着：张华的死有什么价值？张华生命的意义是什么？有的人甚至尖锐地提出："以一个德才兼备的大学生的生命,换取一个年逾花甲的老汉的生命值得吗?划得来吗?"

对于这些问题,《人民日报》、《光明日报》、《解放军报》和《革命英烈》等报刊,都曾以不同的方式,作过报道、评论。在这里,我们只是简单地记述一下社会实践的检验,人民大众的评判。

1982 年暑假,在武汉东湖,有一位小女孩落水,生命危险! 在附近游览的四医大学员李飚瞧见了,立即放下手中的照相机,奋不顾身,跳进湖中救出了小孩。当时报纸上正在宣传张华。人们望着那位救人的解放军战士,纷纷传颂:

"这不是又一个张华吗?"

在荒漠的青海格尔木地区医疗战线,新来了张英、高飞等十名第四军医大学护士学校毕业的学员。当行人问这些意气风发的年轻人,为什么要离开繁华的大城市,来到这荒漠的大西北? 他们的回答很简单:"学习张华! "人们又称赞说:

"这不是十个张华吗?"

其实,何止十个、百个! 张华牺牲后,在短短的两个多月里,仅仅第四军医大学,就有 1000 多人向组织写了思想汇报,200 多人写了入党入团申请书。他们说,过去总感到共产主义遥远,英雄高不可攀。张华的事迹使他们知道:"英雄来自平凡,共产主义就在我们身边! "就在这个暑假,他们参加助民劳动 3000 多人次,义务为群众医伤治病 1600 人次，为群众做好事 3000 多件。因而，在西安街头，在火车站上，往往听到这样的议论：

"人说张华牺牲了，西安到处见张华！"

不信？你再看看华山抢险的情景吧！

1983 年 5 月 1 日，挺拔峻秀的西岳华山，游人超出了平时的五六倍。"自古华山一条路"，登山的第一险道千尺幢，人流梗阻，险情严重。突然，随着一阵惊叫，十多名爬上百尺崖的游人，从 80 多度的悬崖石梯上，腾空跌落下来，在人流的头上、身上撞击、翻滚。那情景令人触目惊心。

在场的第四军医大学学员，面对险情，临危不惧，他们一个个挺身而出，救护群众。正在抓着悬崖梯向上攀登的王强、李博等同学面对自己被砸伤、被撞落的危险，用身体和手臂抓住凌空跌落的人。他们把一位正跌落下来的工程师救住。这时，另一位女青年飞身跌了下来，李博又迅速抓住了女青年的一只脚，使她免遭厄运。

郑州柴油机厂的青年女工尚俊萍，又从石崖坡里滚落下来了。四医大学员项耀钧、姬亚友，眼看她滚落到了自己头顶上，不顾自身安危，放开了抓着崖梯锁链的手，赶紧将滚落者紧紧抓住。女青年得救了。她的鲜血染红了两位学员的衣帽。

走在千尺幢底部的四医大学员，都不约而同行动起来，为跌落在峡谷里的受伤者包扎治疗。一位来自甘肃天水的女青年刘丽萍左腿骨折，他们立即紧急救治，复位、固定、包扎，并用手臂交错，做成人编的担架，抬着病人，侧行跪走，把刘丽萍抬到了数里外的青柯坪。这时候，姚晨等同学满身血污，满头大汗，用雨衣抬着尚俊萍也进入院内。昏迷的女工，睁开那疲惫的双眼，看见一个个不避危险、素不相识的人搭救了她，又不辞劳苦，把自己抬送下来医伤治病的解放军战士，低声地问他们是什么人。

"我们是张华的战友！"

"啊！"女工喃喃地说着，"你们是一群张华。"

同一天下午四点多，在百尺峡上方，登山归来的杨海涛、魏兰新等四医大学员，发现了一位虚脱昏迷的女青年陈聪玲，便全力抢救。但是，抢救急需的药品、银针，全放在后边同学的挎包里。要取，得通过人流充塞得水泄不通的悬崖路段。这段"S"形的险路，有锁链拦护。锁链内侧的崖道上，是密密实实的人群，锁链外边是万丈深渊，要下山取药几乎是不可能的。杨海涛为了救人，冒着危险，毅然沿着锁链外侧，背向深谷，脚踩着崖坎下山。他们取来药品、银针，及时抢救了病人。后来，他们又和石俊、应可满、赵建华、徐军、冯国辉等同学一起，克服了无数艰难险阻，把陈聪玲送到了华山下的荣誉军人疗养院治疗。当陈聪玲的男友紧紧抓住同学们的手，一定要大家说出姓名时，同学们只留下了一句话：

"我们是张华的同学！"

是啊！张华的同学们人人都在学习他们的同学张华。曾误入歧途、受过张华帮助的青年吴光明，自从张华牺牲以后，他经常想张华、学张华，并且时刻以"我是张华的同学，不能给张华丢脸"的誓言，严格要求自己。这次游华山，他和几位相好的同学约定，要沿着张华上一次走过的路，攀登上华山。他们4月31日从灞桥车站上火车，见游人拥挤，只好站在车厢的人行过道里。在他们旁边，有几个年轻人正在议论张华。一个说，张华太傻，以一个风华正茂的年轻大学生的生命换一个风烛残年的老农的性命，划不来。另一个说张华真好，不惜牺牲自己的生命去救人民群众，思想风格高，这种精神比任何金银财富都宝贵，也是那些自私自利的人永远算不明白的账。两个人争得面红耳赤，旁边的人也说法不一。吴光明摇了摇手，制止住争论的双方，突然发问：

"你们知道张华对这个问题的看法吗？"

众人被问住了，都注视着他。

吴光明这才感情深沉地说："张华牺牲前，曾明确地说，'划不来'的算法是错误的、庸俗的，落后于起码的文明道德，人和动物的价值，就区别在这些地方。"

　　众人佩服地直点头。那位持不同观点的青年问："同志，你是……"

　　"我们是张华的同学。"吴光明自豪地回答。

　　满车厢的人都热烈鼓掌，向他投来尊敬的目光。

　　那位因"自我设计"而犯错误的小马，也在这趟车上。他发现一个穿西装的男青年，把手伸进了他前边一位旅客的衣袋里，掏出了钱包。顿时，他脸烧心跳，肺都快气炸了！他痛恨这些害人的小偷扒手，他记起了上次张华在电车上抓小偷的情景，为自己曾有过的犹豫和自私而悔恨。一股正义的力量在他心中升腾，他毫不犹豫地猛扑上去，抓住了小偷，并和几位同学一起制服了小偷，把钱还给了失主。

　　失主非常感谢，再三询问他们的姓名。

　　他们却仍谦虚地说："我们是张华的同

学。"

在华山，吴光明和他的同学们，走着张华走过的路，在实际生活中，他们也在走着张华走过的路。当他们下山的时候，发现一位女青年摔伤昏迷了。旁边有一群游人在叹息、同情，但却没人救护。一位同学问吴光明怎么办。

"张华咋办咱咋办！"吴光明说着，背起那昏迷不醒的女青年，沿着那陡峭的山路，艰难地向下移动着脚步。走了不到300米，他的军衣已被汗水湿透了。一位同学要换他，他说："这么陡的路，空人走，也危险，还是让我来！"他咬着牙关，将那女青年背到了千尺幢，一个踉跄，差点儿跌下悬崖。两个同学从后面用绳子拉着他，接着慢慢往下行，终于来到了青柯坪。

吴光明放下女青年，喘了喘气，脱下军衣，用手一拧，滴滴汗水向下流。接着，吴光明和同学们一起绑了一副简易担架，继续把女青年往下运。走到五里观，吴光明精疲力竭，摇晃了几步，跌倒在地，昏过去了。

这时候，太阳落山了。同学们七手八脚将吴光明和那位昏迷的女青年都抬进五里观里，给他们喂水，让他们休息。五里观的老道士见这个情景，感动地说："我在这里几十年了，还没有见过这么仁慈的青年！你们放心吧，西山老母会保佑你们的！"说着，让小道士端来一碗盐开水，亲自给两个昏迷的青年人喂。在五里观烧香磕头的几位农村老太太,忙把她们给神仙供献的白馍、"献贴"（关中农民给神供献的大白馍,上有各种面捏的花鸟）拿出来,给几个年轻人吃。

正在这时,又一群四医大的学员抬着一位受伤昏迷的中年人来到五里观。走在前边的那位女学员,窈窕的身材,明亮的大眼,一见吴光明躺在地上,急切地问:

"啊! 他……他怎么啦?!"

旁边的一位同学低声说:"他为了救人,累休克了!"

女学员立刻扑过去,跪倒在地,给吴光明摸脉、喂水、喂吃的……

吴光明慢慢地睁开了双眼,朝周围看了看,突然,他睁大眼睛,叫道:"白莹! 你,你怎么来了?"

白莹掏出小手帕,给吴光明揩去了头上的汗,亲切地说:"我和你一样,都是沿着张华同学的路走来的! 别说话,你太累了,休息一会儿!"

旁边的老道和那几位农村老婆婆问他们是哪里的,叫什么名字,白莹和吴光明几乎是异口同声地笑着说:

"我们都是张华的同学!"

就在这时,在那悬崖险关的百尺峡上方,人群拥挤,推推搡搡,哭喊大叫,每一个人都随时可能坠崖身亡。这正是广大游客的生命面临严重危险的时刻。突然,在悬崖边奇迹般地出现了一道绿色的长城。那是由四医大的一百

多名学员为了保护游人安全而筑在悬崖边的
一道人墙。

　　原来，5月1日下午3点多，登上华山的
四医大学员们匆匆下行。他们走过群仙观，
跨越俯渭崖，来到了峡口上的二仙桥附近。
看见这里有五六十米傍着山崖山路，狭窄险

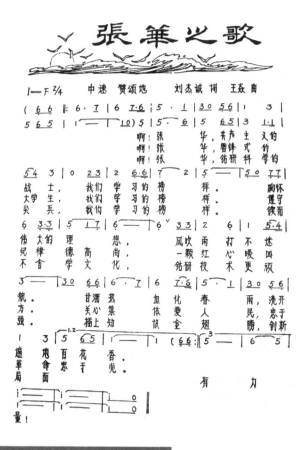

△ 《张华之歌》，刘杰诚词　王焱曲

峻，蜿蜒曲折。数千名急于下山的游人，拥挤在这又窄又险的咽喉地带。坡下的出路已经挤死，坡上的游人仍不断地将压力传向前方。前边的游人，承受不了越来越大的压力，随时都有被挤入深谷的危险。在场的四名值勤人员束手无策。

四医大学员赵建华对民警说："我们组织同学，帮你维持秩序！"

民警表示欢迎。于是，王连刚、李健等几位同学一面宣传群众后撤，疏通道路，一面组织四医大学员，保护群众。

但是，天色傍晚，人们都怕在那悬崖陡坡上站立过夜，都急于下山。在这种情况下，要让拥挤的群众让出道路十分困难。于是，在二仙桥的拐弯处，同学们一个个冒着生命危险，相继翻向用作崖畔道路护栏的铁链外侧，一个挨一个，顺着悬崖边向下走……不多时，一百多名第四军医大学的学员，手拉手连成了一堵五十多米长的人墙，屹立在悬崖绝壁的边沿。他们以自己的血肉之躯，筑起一道长长的屏障，保护着游人的安全。

这是一大群张华死后的张华，这是一大批 80 年代的活雷锋，这也是新一代大学生排出的新阵容。他们的身影，高入云霄；他们的义举，气壮山河，给那七千万年古老的华山，描绘出一幅史诗般的画卷，给那气象万千的华岳，又增添了一幅从未有过的奇景。

慌乱的人群被眼前的景象震撼了，骚动立刻平静下来。游客们顺着悬崖小道一个个地往下走去。人们望着四医大学员头上的红星，看着他们胸前佩戴的校徽，都把他们的行动和张华的英雄形象联系在一起，说这是张华的精神新铸就的华岳魂。

　　是的，无数铁的事实，写出了历史的结论：

　　张华牺牲了，千万个张华站起来！

　　张华上过华山，张华的形象高于华山！

后　记

闪光的青春

　　张华牺牲后，我曾到他学习、工作过的地方，到他舍己救人的现场调查了解过。曾访问过张华的父亲、母亲，访问过他的师长李志发、傅祥、郭维宾、胡四海，访问过他的战友、同学朱晓法、杜振波、宋华淼、蒋晓明、李宝君、张凤英、董希文等数十人，也访问过抢救张华的王宝安、刘玉庆、李正学、王伯义等同志，了解了张华的学习、工作和生活，了解了他的事迹、成长情况和性格特点等。特别是张华的父母、师长、战友、同学曾和我们多次长谈，介绍张华的成长过程，对我教育很深，启迪很大，使我激情满怀，决心要写一部张华的传记。

　　写人物传记，要存真求实，鲜明生动，力求准确地反映人物的成长道路、性格特点以及形成他这种性格的历史条件、社会环境等。但是，对于和张华在一起学习、工作过的一些人物，作者为了谨守"君子协定"（好几位知情人向作者介绍材料时，要求作者答应在书中不用他们的真实姓名，并替他们保密），书中没有用他们的真实姓名。但是必须说明，书中所记叙的内容都是有真实生活依据的，有的是生活中原型的提炼、升华，有的则是生活中几个人的集中概括，绝不是作者的凭空虚构。希望读者和有关的同志赐教、指正。

在写作过程中，曾得到第四军医大学的领导、干部和广大学员的热情帮助，张华的父母张文良和潘英花同志，四医大的郭维宾、舒英才同志和《革命英烈》编辑部的张敏、宋登同志都曾帮我搜集史料，研究情况，对我帮助很大。在写作中，曾参阅过战士出版社出版的《新一代优秀大学生张华》，光明日报社出版的《华山抢险记》和《革命英烈》杂志社编辑的《张华烈士事迹特刊》。

我作词、著名作曲家王焱同志谱曲合作写的《张华之歌》在《革命英烈》、《张华烈士事迹特刊》上发表，西安许多学校的学生传唱。

2009 年，是新中国建国六十周年大庆，在全国开展的"双百人物"评选活动中，张华被选为"新中国成立以来感动中国人物"之一。第四军医大学给张华烈士塑了雕像，建了张华烈士广场，在广场上建立了"华山抢险英雄群雕"，气势宏伟，供人瞻仰、参观。

/100位

新中国成立以来感动中国人物 /

丁晓兵　马万水　马永顺　马恒昌　马海德　中国女排五连冠群体

孔祥瑞　　孔繁森　　文花枝　　方永刚　　方红霄　　毛岸英

王　杰　　王　选　　王　瑛　　王乐义　　王有德　　王启民

王进喜　　王顺友　　邓平寿　　邓建军　　邓稼先　　丛　飞

包起帆　　史光柱　　史来贺　　叶　欣　　甘远志　　申纪兰

白芳礼　　任长霞　　刘文学　　刘英俊　　华罗庚　　向秀丽

廷·巴特尔　许振超　　达吾提·阿西木　邢燕子　　吴大观

吴仁宝　　吴天祥　　吴金印　　吴登云　　宋鱼水　　张　华

张云泉　　张秉贵　　张海迪　　时传祥　　李四光　　李春燕

李桂林和陆建芬夫妇　李素芝　　李梦桃　　李登海　　杨利伟

杨怀远　　杨根思　　苏　宁　　谷文昌　　邰丽华　　邱少云

邱光华　　邱娥国　　陈景润　　麦贤得　　孟　泰　　孟二冬

林　浩　　林巧稚　　林秀贞　　欧阳海　　罗映珍　　罗健夫

罗盛教　　草原英雄小姐妹　　赵梦桃　　钟南山　　唐山十三农民

容国团　　徐　虎　　秦文贵　　袁隆平　　钱学森　　常香玉

黄继光　　彭加木　　焦裕禄　　蒋筑英　　谢延信　　韩素云

窦铁成　　赖　宁　　雷　锋　　谭　彦　　谭千秋　　谭竹青

樊锦诗

图书在版编目（CIP）数据

张华 / 刘杰诚著. -- 长春：吉林文史出版社，
2012.6（2022.4重印）
（100位新中国成立以来感动中国人物）
ISBN 978-7-5472-1101-4

Ⅰ．①张… Ⅱ．①刘… Ⅲ．①张华（1958～1982）－
生平事迹－青年读物②张华（1958～1982）－生平事迹－
少年读物 Ⅳ．①K828.4-49

中国版本图书馆CIP数据核字（2012）第136005号

张 华

ZHANGHUA

著/ 刘杰诚

选题策划/ 王尔立　责任编辑/ 王尔立 李洁华 马华 任玉茗
装帧设计/ 韩璘
出版发行/ 吉林文史出版社
地址/ 长春市福祉大路5788号　邮编/ 130118
电话/ 0431-81629363　传真/ 0431-86037589
印刷/ 天津海德伟业印务有限公司
版次/ 2012年8月第1版 2022年4月第4次印刷
开本/ 640mm×920mm　1/16
印张/ 9　字数/ 100千
书号/ ISBN 978-7-5472-1101-4
定价/ 29.80元